아빠도 울어?!
21일 완성 공감대화법

줄리아코치 지음

리바이스 501이 잘 어울렸던 나의 전 남친,
진실한 사랑의 결실인 소중한 허니,
잘 길러주셨고, 늘 돌봐주시는
아빠와 아버지께 사랑과 감사를 전합니다.

21일 완성 공감대화법
대화회복 프로젝트

프롤로그

23년에는 몸이 많이 아팠습니다. 건강 검진 후 알게 된 자잘한 것들이 저를 괴롭혔습니다. 몰랐으면 오히려 나았을까요? 건강하게 오래 살아야겠다는 마음에 병원에 자주 갔고, 작은 수술까지 받았습니다. 그렇게 시간을 내다보니 지나온 시간을 반추 할 여유도 생겼습니다.

저는 2012년부터 대학교와 기업체에 출강을 시작했는데, 1시간 수업을 위해서 버스를 타고 왕복 6시간을 이동한 적도 있었습니다. 이전에도 가르친 경력은 10년 정도 있었지만 대상이 유아와 초.중.고등학생였습니다. 성인을 가르쳐본 적이 없어 처음에는 수업을 구하기도 너무 힘들었습니다. 그래서 커리어를 쌓기 위해 고군분투 했습니다. 당시에는 시간적인 여유가 전혀 없어 오로지 수업만 했습니다. 수업이 제 전부였죠. 아직도 눈에 선합니다. 거리가 너무 멀어 운전보다는 버스가 낫겠다 싶어 고속버스를 탔습니다. 외곽에 있던 대학이라 시내버스를 타고 시골길을 달렸는데, 제 이마를 스치던 따뜻한 바람과 춤을 추듯 하늘거리던 코스모스가 기억납니다.

처음에 출강을 나갔을 때는 성적 올리기, 성과향상에만 집중했습니다. 학습자 개개인을 살피기보다 그룹전체의 향상을 끌어내는 것이 모든 수업의 목표였습니다. 4주 만에 토익점수 200-300점 올리기는 말이 쉽지, 인간이 할 수 있는 일은 아닙니다만 줄리아는 늘 해냈습니다. 정말 가르치는 기계처럼 열심히 수업했습니다.

영어 강사가 영어를 잘 가르치는 것은 전혀 놀랄 일이 아닙니다. 그게 직업이고, 밥 먹고 늘 하는 일이니 잘해야 합니다. 하지만 학습자들은 제게 가르치는 것 이상을 원했습니다. 그들은 제게 따스함과 관심, 그들에 대한 사랑과 위로를 원했습니다. 대학교에서 4주 토익캠프를 할 때도 대학생들은 '취업을 잘하기 위해 무엇을 해야 할까?' 바로 돈을 벌고 싶지 않은데 '나는 어떻게 살아야할까?' 가족과의 문제, 이성친구와의 문제 등 다양한 이야기를 제게 쏟아냈습니다. 기업체에서 15분간 아주 짧게 일대일 수업을 할 때도 그 날의 주제에 대해 영어로 대화를 나누고 있지만 그 사이사이에 개인의 정서이슈와 관계에 대한 갈등이 있었습니다.

타인의 고민을 들어준다는 것은 굉장히 힘든 일입니다. 그 순간을 즐겁게 생각하지 않고, 그 대상에 대한 애정이 없으면 고통이 될 수 있습니다. 저는 수업을 시작하면 낯선 사람들이라도 마음 문을 활짝 엽니다. 이 사람은 내게 수업을 듣기 위해 시간과 돈을 지불하고 있다. 혹 '다른 강사에게 더 좋은 수업을 받을 수 있으니 나는 더 열심히 해야 한다'가 저의 모토였습니다.

매 수업마다 깔끔하게 저를 단장하고, 수업이 지루하지 않게 레슨플랜을 짰습니다. 그런 만반의 준비를 하더라도 수업에는 늘 새로운 변수가 있습니다. 바로 사람과 사람의 만남이기 때문입니다. 예측할 수 없는 상황으로 인해 저의 사람과 상황에 대한 애자일은 좋아졌습니다. 어떤 학습자가 수업에 들어와도 편하게 맞을 수 있었습니다. 시간이 지나면 서로를 더 많이 알게 되니 수업내용도 다양한 주제로 확장됩니다. 그 시간은 제게도 참 유익했습니다. 다양한 사람들의 인사이트를 통해 저의 세계관이 넓어졌고, 또 다른 것에 대해 탐구하고 싶은 마음도 커졌습니다.

대학생 때부터 파트 타임으로 영어강사를 하던 제가 코칭을 만나게 된 계기가 여기에 있습니다. 영어는 제가 아는 것, 제가 그날 준비한 것을 가르치면 되는 아주 쉬운 것이었습니다. 하지만 사람들의 마음을 터칭하는 것에는 뭔가 부족함이 생겼고, 제 자신이 참 얄팍하다 느꼈습니다. 그래서 어떤 것으로 나를 채워야 할까? 무엇을 더 공부하면 좋을까를 매일 밤 고민했습니다. 굉장히 독립적이고 강인한 저도 남편에게는 딸처럼 굴 때가 많은데요. 저는 자기 전에 남편에게 매일 물었습니다. "여보, 난 뭘 해야 더 잘할 수 있지? 뭘 더 해야 할까?" 남편은 매일 습관처럼 같은 질문을 반복하는 제게 한 번도 짜증을 내거나 건성으로 답하지 않았습니다. 오히려 이렇게 질문했습니다. "자기는 뭘 하고 싶은데? 어떤 거에 관심이 있어?" 그렇게 1000번쯤 물었을 때 답을 찾았다는 확신과 함께 남서울대학교 코칭학과 석사과정을 시작했습니다.

코칭은 처음에는 상당히 어려웠습니다. 영어처럼 단순암기 후 연습하는 과목이 아녔습니다. 코칭은 저의 사고방식과 인식, 가치관을 전체적으로 편집하고 변형하고 재탄생 시켰습니다. 어떤 것을 보면 코칭을 더 쉽게 파악할까하며 14만원치의 책을 사기도 했지만, 기본개념을 알기에는 적합하지만 "코치"가 되기에는 많이 부족했습니다. 코칭은 개인의 의식수준을 바꾸는 것이기 때문에 종교와 비슷하다 생각하며 접근해야 했습니다. 자신에게 집중해 내 속을 들여다봐야 하는 인고의 시간을 시작해야 합니다. 그래서 수업을 하고 오면 또 남편에게 조언을 구했습니다. 남편은 제 이야기를 경청하고, 답을 찾을 수 있게 열린 질문을 해주었습니다. 함께 성장한 결과, 코칭학과를 졸업할 때쯤 저의 남편도 저와 같은 코치가 되었습니다. 커리어를 쌓기 위해 또 더 많은 수업을 하기위해, 아니면 스스로에게 더 잘한다는 것을 증명하기 위해 전국으로 수업을 다니던 제가 오롯이 '나를 위한 시간'을 내는 것은 참 어려웠습니다. 코칭학과 수업은 또 어떻고요? 그곳은 코칭 전문가들이 모여 있는 상아탑이었습니다. 저와 같은 초짜 예비코치는 10%도 안됐습니다. 최소 경력10년 이상의 전문코치들이 자기계발과 더 나은 커리어를 위해 모인 곳이었습니다. 제

스스로가 참 초라해 보였지만, 1초만 '내가 참 별로군' 생각하고 다시 열심히 공부하고, 탐구하고, 저를 코치로 변화시키기 위해 애썼습니다.

코칭은 제 인생을 바꿨습니다. 제가 바꿨으면 했던 부분을 과감하게 바꾸도록 했고, 내가 어떤 사람인지를 정확하게 깨닫게 했습니다. 코칭을 알기 전 '부족한 나로 인해 가족들이 참 힘들었겠다'는 반성도 했습니다. 저를 제대로 알게 되니, 남편을 더 잘 이해하게 되었고, 사춘기를 지나는 아이를 더 많이 이해하고 보듬으며 사랑으로 키울 수 있었습니다. 전에는 가정에서 아내이자 엄마인 저 하나로 인해 집안의 분위기가 달라지고, 공기까지 바뀌는 것이 참 힘들었습니다. 그래서 깨달은 것은 '내'가 바로 서야 하고, '내'가 나의 역할을 잘 해야 나머지 가족도 함께 행복합니다. 집은 이 세상에서 가장 편안한 곳이 되어야 한다고 생각합니다. 집은 우리가 휴식을 취하며 밥, 사랑, 행복을 충전하는 소중한 곳입니다. 그곳을 천국으로 지옥으로 만드는 것은 가족이 어떻게 함께 지내느냐에 달려 있다 생각합니다. 엄마가 행복하면 모두가 행복하고, 남편이 행복하면 아이들이 하는 일도 승승장구합니다. 꼰대 같은 소리로 들리겠지만 가화만사성은 진리라 생각합니다.

요즘은 '나이 든다'는 것에 대해 생각이 많아졌습니다. 기대수명이 느는 것을 보면 나도 분명히 오래 살 것이고, 아프긴 하겠지만 중병으로 심하게 아프기 전에 미리 치료 할 텐데 이 인생을 어떻게 더 풍성하게 채워야 할까를 고민합니다. 그래서 첼로, 유화, 성악 등 다양한 취미를 시작하고, 매일 영어공부를 하면서 자기계발서를 탐독하고 있습니다.

창업과 사업에 관심이 생겨 관련 강의에도 참석하고 있습니다. 그곳에서 중년남성들을 많이 마주하게 됐습니다. 가장 잘하는 것이 '일'인 중년남성들, 일만하는 중년남자들은 불쌍합니다. 자기를 돌볼 새도 없이 나이 들었고, 가족을 위해 뭔가를 해내야 된다는 압박감과 책임감에 짓눌려 있습니다. 저는 그들을 위해 무언가를 해야겠다 생각했습니다. 제 인생관과 가치관을 변화시킨 코칭을 일만 열심히 한 중년남자들에게도 알려주고 싶단 마음에 이 책을 집필하게 되었습니다. 대부분 어디서부터 무엇이 잘못된 건지 이제는 가족과 대화하기가 어렵다고 토로했습니다. 저는 군대를 견뎌낸 남자들의 끈기와 한 직장에서 오랜 시간 다양한 군상을 받아들이며 생활하는 남자들의 강한 인내심을 존경합니다. 덜 감정적이고, 더 이성적이며 넓은 관점에서 타인을 존재를 그대로 받아들이는 남자들의 포용력에 감탄합니다. 그렇게 일을 잘하는 남자로 살아야 하니, 가족들과 멀어지는 것이 당연할 수도 있습니다. 근데 어떡하나요? 회사를 다니는 시간은 한정돼 있고, 가족은 죽을 때까지 봐야합니다. 제 아이가 유치원에 다닐 때 했던 말이 떠오릅니다. "엄마, 이 세상에서 가족만 공짜래." 가족이 공짜라는 말은 마음을 무겁게 누릅니다. 돈을 주고 살 수 없을 만큼 귀해서 공짜인지 돈으로 못 사기 때문에 공짜인지, 둘 다겠지요?

코칭학과에서 배운 긍정심리학 바탕의 코칭 이론과 제가 경험한 마법 같은 코칭의 사례들을 대화법에 담았습니다. 천천히 읽고, 알려 드리는 대로 따라해 보세요. 읽기 전과 읽은 후는 완전히 다를 겁니다. 총 21일로 구성되어 있는 이유는 습관으로 만들기에 가장 최적화 된 짧은 시간을 이 책에 적용했기 때문입니다. 이론을 탄탄하게 적용하기 위해 다양한 논문과 참고서적을 참고 했습니다만 독자를 위해 쉽게 풀어 썼습니다. 이 대화법을 작 적용하여, 가족의 일원으로 다시 복귀한 경험을 나눠주시면 좋겠습니다. 네이버에서 줄리아코치를 검색하고 블로그로 오세요. 유튜브 줄리아코치에서도 저를 볼 수 있습니다.

피를 찍어 글로 쓰시는 것처럼 고된 정신적인 노동을 하는 작가님들을 존경합니다. 제가 하는 것은 여러 가지 사실을 조금 더 쉽게 전달할 뿐입니다. 많은 시간을 애써야 했고, 부족한 부분을 메우기 위해 고치고 또 고쳤습니다. 저의 고된 시간이 여러분의 인생에 도움이 되길 바라며 프롤로그를 마칩니다.
23년 10월,
매일 영어 공부하는 되고 싶은 게 많은 포티투 줄리아

CONTENT

프롤로그   1

1장 경청은 능력이다

1일 하루만 연습하면 되는 경청방법   2
2일 두 번은 먼저 듣고 대화 시작하기   9
3일 경청 때 절대하지 말아야 할 5가지   16

2장 칭찬과 인정으로 반응하라

4일 인정욕구를 충족시키는 칭찬사용법   24
5일 나의 말투 점검하기   32
6일 상대방을 위한 얼굴표정과 손 사용법   39

3장 질문할 때 존중을 표현하라

7일 누구에게나 편하게 사용하는 7가지 질문법   48
8일 마음을 열기위해 질문하라   58
9일 단답형 질문 사용법   66

10일 질문의 의도는 서두에서 알려주어라　74
11일 '그래서?', '왜?'를 적절하게 사용하라　82

4장 피드백은 예쁜 선물이다

12일 앵무새라도 되어보기　91
13일 고부갈등에는 무조건 편파적인 피드백주기　99
14일 적절한 타이밍에 피드백 하기　107

5장 할 말을 제대로 하자

15일 나는 누구인가?　117
16일 이 4가지는 절대로 쓰지 마라　125
17일 신뢰를 끌어내는 대화법　132
18일 꼰대처럼 말하지 말기　139
19일 잘못했을 때와 내 잘못이 아닐 때의 대화법　145
20일 상대에 따른 5가지 대화법　152
21일 내가 닮고 싶은 사람 모델링하기　160

에필로그　170
참고문서

21일 완성 공감대화법
대화회복 프로젝트

1장 경청은 능력이다

The first duty of love is to listen.
―폴 틸리히

1일 하루만 연습하면 되는 경청방법

아내: "여보, 우리 지우가 친구들하고 못 어울리는 거 같아. 집에서도 계속 방에만 있어서 걱정이야."
남편: (멍하니 창밖을 보며) "그래? 괜찮을 거야."
아내: "그래도 걱정돼. 지우가 혼자 고민을 하고 있는 것 같아서. 우리가 뭐라도 도와줄 수 있는 방법이 없을까?"
남편: (건성으로 대답하며 주위를 둘러봄) "응, 언젠가는 해야겠지."
아내: "여보, 나 진짜 걱정 돼. 지우도 혼자 어떻게 해야 할지 모를 수도 있어."
남편: (다리를 떨며) "알았어, 알았어. 나중에 생각하자. 지금은 바빠서……."
아내: "지금 내 말 듣는 거야? 나 누구랑 얘기하니?"

대화중에 이런 상황을 겪은 적이 있나요? '이거 내 얘기네' 하는 마음이 드나요? 즐거운 수다가 일상인 여자들에게는 다른 이의 말을 듣는 것은 그렇게 어려운 일이 아닙니다. 문제는 남자들이죠.

흐리멍텅한 눈과 관심 없다는 표정으로 흘려듣다 딱 걸렸던 순간, 있으신가요? 많은 남자들이 아내와의 대화를 힘들어합니다. 알아듣기 어렵다는 이유가 가장 큽니다. 남자들은 여자들의 대화가 두서없음, 맥락 없음, 대화의 주제가 도대체 무엇인지 종잡을 수 없다고 토로합니다. 남자에게 대화란 문제 해결책을 나누는 방법이라, 객관적 사실과 정보가 중요합니다. 여자는 감정적인 지지와 공감을 얻기 위한 주관적인 대화를 합니다. 그래서 문제가 있을 경우 남편이 잘 들어주고 아내의 입장을 이해하기만 해도 힘을 얻습니다.

아내가 당신과 하고 싶은 대화는 그냥 자신이 하고 싶은 말의 나열입니다. 문제해결을 요구하는 구조요청이 아닙니다. 마음에 담아두기 싫은데, 친구한테 말하면 흠이 될 것 같고, 부모님께 말씀드리면 괜히 불효를 저지르는 거 같아 제일 편하고 만만한(?) 남편이 필요한 것입니다.

경청이 무엇일까요? 잘 듣는 것인가요? 경청은 단순히 말만 듣는 것이 아니라, 상대방의 감정과 몸짓까지 이해하려고 노력하는 것을 포함합니다. 말로는 듣고 있다고 하고 의자 끝으로 몸을 기대며 거리를 두거나, 팔짱을 끼고 적대적인 모습을 한다면 아내는 다시 이렇게 쏘아 붙입니다. "지금 그게 내 얘기를 듣는 태도야?" 이런 말을 들으면 남편도 짜증이 나겠죠? 뭐 어쩌라는 걸까요? 이혼 할 게 아니라면 다음 내용을 보고 잘 참아보세요.

대화 중 우리가 경청 할 때 상대방은 존중받는다고 느낍니다. 하루 만에 경청의 전문가가 되는 5가지 단계입니다.

1. 몸을 상대방 앞으로 기울인다.
더 가까이 다가가서 당신의 얘기에 아주 관심이 많다는 것을 보여줍니다.

2. 두 손으로 자신의 얼굴을 감싼다.
꽃받침을 얼굴에 두르며 들을 준비가 되어 있음을 보여 주세요.

3. 대화를 시작하는 첫 질문을 던진다.
"오늘은 어떤 얘기를 하고 싶어?"
4. 상대방을 지긋이 바라본다.
눈을 뚫어져라 보지 말고, 미간과 코의 중간쯤에 시선을 고정시킵니다. 그 지점을 봐야 상대방도 편안함을 느낍니다.

5. 반응은 아래의 5가지만 사용한다.
이걸로 계속 돌려 막으세요. "그랬구나!", "아이고", "이럴 수가!", "왜 그랬을까? ","당신은 어떻게 생각해?/어떻게 느껴?"입니다.

이렇게 몸을 기울이고, 존중을 표현하며 듣다 보면 아내는 당신에게 더 많은 이야기를 합니다. 아내와 이런 저런 얘기를 좀 하고 싶은데 어떻게 시작할지 모르시나요? 듣는 것부터 시작하세요. 아내가 갖고 있는 고민을 해결해 주고 싶으신가요? 그냥 잘 들어주세요. 들어주기만 해도 문제가 저절로 해결될 겁니다. 아내의 얘기를 잘 듣는다면, 문제의 원인을 쉽게 찾을 수 있기 때문입니다. 상대방이 이해받고 있다고 느끼게 되면 긍정적인 대화분위기가 만들어 집니다.

"왜 나만 들어줘야 하나요? 아내가 내 말도 좀 들어주면 좋겠는데요" 지금은 아내의 마음 문이 닫혀있지 않습니까? 그 문을 열고 들어가야 이야기를 하든지 부탁을 하든지가 가능해 집니다. 아내의 마음 문이 열리면 그 다음은 쌩하니 자기 방으로 들어가는 아이들의 마음문도 열 수 있습니다.

경청을 시작하면 가족과의 대화가 시작되는 것과 함께 또 하나의 선물이 도착합니다. 바로 스스로를 더 잘 알게 됩니다. 다른 사람들의 생각을 들으면서, 자신이 느끼는 것에 대해 더 깊이 사고할 수 있습니다. 이것은 우리가 더 성숙하고 이해심 있는 사람이 되도록 합니다.

경청을 사용한 대화를 다시 해볼까요?

아내: "여보, 우리 지우가 친구들하고 못 어울리는 거 같아. 집에서도 계속 방에만 있어서 걱정이야."
남편: "그래? 사춘기라 그런 거 아닐까? 나도 그 나이 때 비슷했던 것 같아."
아내: "그래도 걱정돼. 지우가 혼자 고민을 하고 있는 것 같아서. 우리가 뭐라도 도와줄 수 있는 방법이 없을까?"
남편: "음, 일단은 지우와 좀 더 대화를 시도해보는 건 어때? 그냥 일상적인 것들로 말이야. 학교에서 무슨 일이 있었는지, 새로 좋아하는 것들이 뭐가 있는지 이런 것들 말이야."
아내: "좋은 생각이야. 그리고 지우가 좋아하는 활동에 함께 참여해보는 것도 좋을 것 같아. 같이 영화 보러 가거나, 취미 활동을 공유하는 것도 도움이 될 것 같아."
남편: "그래, 지우가 좋아할 만한 것들을 같이 해보자. 그리고 우리가 항상 지우 옆에 있다는 걸 알려주자. 그게 가장 중요한 것 같아."

*셀프코칭질문

내 이야기를 잘 들어줬던 사람은 누구였나요?

그 사람은 어떻게 내 이야기를 들어 주었나요?

아래 경청지수 테스트도 해보세요.
경청 자가진단 총점은 총 75점입니다.

65점 이상: 당신은 최고! 공감의 경청을 합니다.
45-65점: 당신은 평균! 정보습득에 강한 신중한 듣기를 합니다.
45점 이하: 노력이 필요하군요! 선택적 듣기, 핵심 파악만 원함,
　　　　　자기가 하고 싶은 말만 하는 듣기를 하고 있습니다.

경청지수 테스트

단계	질문내용	1	2	3	4	5
지각단계	나는 대화의 중요한 내용을 파악할 수 있다.					
	나는 상대방의 신체적 반응을 통해 감정이나 기분을 알 수 있다.					
	나는 대화의 상황적 배경을 고려하며 대화한다.					
	나는 대화의 중요한 사실을 기억할 수 있다.					
	나는 상대방을 존중하며 대화할 수 있다.					
처리단계	나는 대화에서 사실을 구분할 수 있다.					
	나는 대화에서 상대방의 의견을 파악할 수 있다.					
	나는 감정을 배제하고 내용에 집중할 수 있다.					
	나는 상대방 말을 끝까지 듣고 판단할 수 있다.					
	나는 상대방의 말에 내면적 의미를 판단할 수 있다.					
반응단계	나는 상대방을 말을 방해하거나 끼어들지 않는다.					
	나는 상대방에게 공감을 표시하며 대화한다.					
	나는 나의 의견을 말하기보다 질문을 더 많이 한다.					
	나는 상대방의 말에 동의하는 표현을 자주 한다.					
	나는 말을 주고받으며 대화를 유지할 수 있다.					
총점						

2일 두 번은 먼저 듣고 대화 시작하기

어느 날 아내가 "할 말 있어."라고 한다면 어떨까요? 가슴이 철렁 내려앉나요? "무슨 일이지?, 오늘이 혹시 결혼기념일인가?", "왜 갑자기 얘기를 하자고 할까?"하며 여러 마음이 듭니다. 물론, 평소에 자주 '대화'라는 것을 나눴다면 그리 놀랄 필요가 없습니다.

아내에게 문제가 생긴 것이 맞습니다. 친하게 지내던 동생에게 돈을 빌려 줬는데, 하루, 이틀 자꾸 미루며 돈을 안 갚고 있습니다. 평소 친분이 두터워 일주일만 쓰고 준다는 말을 철썩 같이 믿었다고 합니다. 이런 경우, 당신은 어떻게 반응 할까요?

60% 이상의 남자들은 화부터 냈습니다. '그럴 줄 알았다'며 말입니다. 친한 사이일수록 금전거래는 절대로 하는데 아닌데라며 아이를 꾸짖듯 말을 시작합니다. 물론 이 일을 해결 할 수 있는 제안은 하지 않으면서 이미 일어난 문제를 더 부정적으로 부각시킵니다.

30%의 남자들은 무관심합니다. "그래서 뭐?" 나보고 어쩌라고? 의 느낌으로 심드렁하게 반응합니다. 이어서 "얼만데?"라고 묻습니다. 다음 달 생활비나 살림에 큰 영향을 미치지 않으면 "알아서 해"라며 말을 마칩니다.

9%의 남자들은 '떼인 돈 대신 받아드립니다'의 직원으로 변신합니다. "걔가 누구야? 당장 전화번호 내놔."라며 바로 싸움이라도 할 기세를 보입니다. '내가 해결해 줄께'라며 일을 더 크게 만들 준비를 합니다. 물론 이런 유형이 대신 문제를 해결해 주는 것 같아 든든할 수도 있습니다.

그렇다면 나머지 1%는 누구일까요? 1%의 남편들은 가만히 듣습니다. 아내의 분노가 화로 누그러질 때까지 기다려줍니다. 아내가 두서없이, 순서 없이 감정과 팩트를 아무렇게나 버무리면서 자신의 잘못은 없었음을 호소(?)하는 것을 그냥 듣습니다. 기-승-전-결이 전혀 존재하지 않는 미괄식구성의 넋두리를 눈물로 마무리 할 때까지 다 들어줍니다. 아내 스스로 어디서부터 문제가 시작되었는지를 알아차릴 때까지 들어줍니다. 그렇게 충분히 들었다면 이렇게 질문합니다. "그래서 당신은 어떻게 하면 좋겠어?"

당신은 어떤 남편입니까? '나는 1%의 남편이 되고 싶지 않다'란 마음도 이해합니다. 하지만 집에서도 회사에서도 나만 가면 하던 대화가 뚝 끊기고, 그 누구도 내게는 조언이나 도움을 구하지 않는다면 한 번 생각해보세요. '나는 이야기하고 싶은 상대인가?', '나는 함께 대화를 나누고 싶은 사람인가?'. 스스로 대화하기 쉬운 인간이 아니란 생각이 든다면, 경청부터 시작하세요. 그냥 듣기만 하세요. 그렇게 할 때 모든 변화가 선물세트로 함께 옵니다.

아래 대화예시는 맞벌이 부부가 자신의 직장에 대한 고민을 토로하는 중에 경청을 제공하지 않는 대화 예시입니다.

[대화예시] 경청을 사용하지 않음
아내: "요즘 일하는게 너무 힘들어. 진짜 스트레스야. 프로젝트가 계속 지연되고 있어. 언제 끝날지 모르겠어. "
남편: "남의 돈 버는 게 쉽겠니? 나도 힘들어. 너만 힘든 거 아니야. 내 프로젝트도 늦어지고 있거든."
아내: "그래서 내가 말하고 싶은 건, 내 업무 방식을 바꿔야 할 것 같아서……."
남편: "(상대방의 말을 끊으며) 업무 방식 말고, 나는 새로운 소프트웨어를 써보려고 해. 아마 그게 더 효율적일 거야."
아내: "음, 그런데 나는 소프트웨어 문제가 아니라……."

남편: "(또 말을 끊으며) 아, 맞아! 그리고 다음 주에 우리 회사에서 팀 빌딩 워크숍이 있어. 기대가 돼.(다른 주제를 꺼냄)"

이 대화에서 남편은 아내의 말을 제대로 듣지 않고, 자신의 이야기를 계속해서 끼워 넣습니다. 말을 끊는 것도 계속합니다. 아내가 자신의 문제에 대해 이야기 할 때마다, 자기가 말하고 싶은 주제로 바꿉니다. 자신의 경험에만 초점을 맞춰 아내의 말을 무시합니다. 이러한 대화는 경청이 부족할 때 자주 발생합니다.

그럼 어떻게 경청을 시작하면 좋을까요? 아내 및 다른 가족의 성격과 개성을 미리 파악하고, 그 특성에 맞게 듣는 방법을 다르게 접근해 보세요. 경청을 위해 MBTI를 활용합니다. 물론 MBTI를 잘 알고 모르고는 중요하지 않습니다. 성격을 단지 16개의 카테고리로 분류할 수는 없기 때문입니다. MBTI가 각 인간의 모든 성격을 정확하게 알려주진 않습니다만 표면적인 특징은 쉽게 잡아낼 수 있어 유용합니다. 사람들이 세상을 어떻게 인식하고, 의사소통하는지에 대해 알 수 있고, 그 특성대로 상대방을 배려할 수도 있습니다.

예를 들어, 감각형(S) 사람들은 구체적인 사실을 선호하므로, 명확하고 사실 기반의 대화가 효과적입니다. 직관형(N)은 큰 그림을 중시하므로, 창의적이고 전체적인 관점에서 접근하는 것이 좋습니다. 사고형(T)은 논리적이고 분석적인 대화를 선호하는 반면, 감정형(F)은 감정과 가치를 중요시합니다. 판단형(J)은 결정과 질서를, 인식형(P)은 유연성과 개방성을 더 중요하게 여깁니다. 각 특징을 보며, 가족 및 가까운 사람들과 매칭해 보세요.

MBTI 성격 유형별로 경청하는 방법을 간단히 설명하겠습니다. 각 MBTI 유형은 다른 방식으로 경청하며, 이를 이해하면 서로의 의사소통을 향상시킬 수 있습니다.

ISTJ & ISFJ: 사실과 세부 사항에 주목하며, 구체적이고 실질적인 정보에 집중합니다.

INFJ & INTJ: 깊은 의미와 미래 지향적인 관점을 찾으며, 상대방의 의도와 목적을 이해하려고 노력합니다.

ISTP & ISFP: 직접적이고 실용적인 정보에 주의를 기울이며, 말하는 사람의 행동과 표현에 집중합니다.

ENTJ & ENFJ: 큰 그림과 전략적인 관점을 중요하게 여기며, 목표 달성과 결과에 중점을 둡니다.
INFP & INTP: 개방적인 태도로 다양한 관점을 고려하고, 창의적인 아이디어와 가능성을 탐색합니다.

ESTP & ESFP: 활동적이고 역동적인 대화에 참여하며, 현재의 경험과 예시에 집중합니다.

ENFP & ENTP: 새롭고 혁신적인 생각에 흥미를 느끼고, 대화의 재미와 역동성을 중시합니다.

ESTJ & ESFJ: 명확한 지침과 지시에 집중하며, 효율적이고 조직적인 대화를 선호합니다.

*셀프코칭질문
당신의 MBTI를 알고 있나요? 당신은 어떤 배려를 받고 싶은지 3가지 쓰세요.

가족의 MBTI를 다 알고 있나요? 가족의 이름을 적고, 그들의 MBTI를 쓰세요. 내가 특별히 조심해야 할 부분에 대해 생각해 보세요.

[부록]

ISTJ	ISFJ	INFJ	INTJ
시작한 일은 끝까지 해냄	성실, 온화하며 협조를 잘함	사람과 관련된 것에 통찰력이 뛰어남	전체적으로 조합하여 비전을 제시
ISTP	ISFP	INFP	INTP
논리적이고 뛰어난 상황 적응력을 가짐	따뜻한 감성을 가지고 있으며 겸손함	이상적인 세상을 만듦	비평적인 관점을 갖고 있는 뛰어난 전략가
ESTP	ESFP	ENFP	ENTP
친구, 운동, 음식 등 다양한 활동을 선호함	분위기를 고조시키는 우호적임	열정적으로 새로운 관계를 만듦	풍부한 상상력을 가지고 새로운 것에 도전함
ESTJ	ESFJ	ENFJ	ENTJ
사무적, 실용적, 현실적으로 일을 많이 함	친절과 현실감을 바탕으로 타인에게 봉사함	타인의 성장을 도모하고 협동함	비전을 갖고 사람들을 활력적으로 이끎

3일 경청 때 절대하지 말아야 할 5가지

불교에서는 자녀를 전생의 '빚'으로 표현합니다. 에고, 빚이라뇨, 이렇게 달콤하고 사랑스런 빚이 있을까요? 물론 자녀는 귀여운 것 빼고는 그렇게 큰 장점이 없기도 합니다. 너무 귀엽고 사랑스러운 나를 닮은 아이, 무조건적인 사랑을 줘야 하는 대상입니다. 태어나는 순간부터 사람역할을 하기까지 양육해야 하는 시간이 많이 걸리고, 같은 것을 반복해서 알려줘야 하고, 처음 겪는 일로 아파하면 내가 대신 피눈물을 쏟게 되니 '빚'이 맞을지도 모르겠습니다.

아이가 어릴 때를 생각해봅니다. 제가 아이의 우주였던 적이 있었습니다. 작은 사탕 하나에도 고분고분 말을 듣고, 세상에서 가장 사랑하는 사람이 엄마라며 늘 안기고 뽀뽀를 하던 아이가 저보다 커서 옛날이 그립기도 합니다. 엄마에게는 여전히 풍부한 감정표현을 하는 아이들도 아빠와의 사이를 서먹해하는 경우가 많습니다. 중년남자들이여, 아이가 어느 순간 훌쩍 커버려 유아 때만큼 표현을 안 한다고 서운해 하지 마세요. 우리는 아이의 이쁜 모습을 평생 기억하며 든든한 버팀목으로 서있어야 합니다.

어떤 말을 들을 때 힘이 나시나요? 저는 일을 하다 지치거나 피로를 느낄 때, 아이의 목소리를 듣고 싶습니다. 해맑고, 생기 넘치는 목소리를 들으면 힘이 납니다. 이런 생각도 같이 듭니다. "그래, 힘내서 열심히 살아야지, 빚 갚아야지"

나이가 들수록 설레는 일이 줄어듭니다. 어느 중년배우가 소파에 힘없이 누워있는데 걸그룹이 나와 노래를 부르니 가슴이 갑자기 '쿵쿵' 뛰었다고한 말이 늘 머릿속에 맴돕니다. 시간은 덧없이 흐르는데 그렇게 크게 감흥을 느낄 것도 없고, 집안에 사고나 문제만 없어도 그냥 행복하다 느끼는 나이가 되었습니다.

나이가 든다는 것은 철이 들고, 평온해지는 과정입니다. 동시에 열정과 풋풋함, 그 외 무언가를 잃어버린 것 같은 상실감도 함께 느껴집니다. 그래서 우리는 가족과 더 많이 대화하며 연결돼 있어야 합니다. 같은 공간에서 가장 많은 시간을 공유하기에 서로에 대해 더 많이 알고 있는 게 모두의 행복을 위해 필요합니다.

가족에 대해 얼마나 알고 있나요? 2일차에 가족의 MBTI를 파악해 봤습니다만 그게 전부는 아니니까요. 아내를 설레게 하는 말은 무엇인가요? 아이를 춤추게 하는 것은 어떤 말인가요? 내가 어떤 행동을 할 때 그들은 행복을 느끼나요? '돈만 제때 갖다 주면 되지'라고 생각한다면 스스로를 ATM 기로 정의한 상태입니다. 돈을 더 이상 벌지 못하는 때가 반드시 올 텐데 그 때는 어떻게 하시려고요? 은퇴 후 세컨드 잡으로 건물주나 빌딩주를 하시려는 계획이 아니라면 오늘부터 달라져야 합니다. 어딘가 삐걱거린다 느끼는 관계는 지금 그리고 오늘부터 고쳐야합니다. 그 시작은 '나'부터 합니다.

경청을 할 때 하지 말아야 할 5가지는 아래와 같습니다.

첫째, 말 끊기는 절대로 하지 마세요.
상대방의 말을 끊는 것은 일방적이고 권위적인 모습입니다. '내가 너보다 나이도 많고 위에 있다'고 과시합니다. 가르치려는 분위기를 강하게 풍깁니다. 상대방이 말을 다 끝낼 때까지 기다리세요. 그리고 끝났는지 잘 모르겠다면 이렇게 물으세요. "얘기 다 한거야? 내가 말해도 돼?"라고요.

둘째, 손을 사용하지 마세요.
중년남성들이 갖고 있는 특징이 2가지가 있습니다. 대화중에 손짓을 많이 사용하거나 책상이나 테이블 위에 있는 물건을 사용해 예시를 드는 행위입니다. 대체 왜 그런 거죠? 정말 별로입니다. 너는 잘 모르니 내가 알려주겠다. 네 이해력이 별로라 내가 이렇게 보여주면서 얘기하겠다는 느낌입니다. 다시 묻습니다. 왜들 그러시죠? 손은 가만히 갖고 계세요. 무릎 위에 올려 두거나, 테이블 위에 올려 두세요.

셋째, 팔짱을 끼거나 손으로 턱을 괴지 마세요.
팔짱을 끼고 있는 것은 상대방에 대해 적대감을 표시하며 스스로를 방어하겠다는 의미를 내포합니다. '네 말을 안 듣겠다'란 뜻으로 비쳐질 수 있습니다. 손으로 턱을 괴고 있는 것은 어떨까요? 간단한 대화를 하고 있어도 심각하단 분위기를 풍길 수도 있고, 상대방을 불편하게 합니다.

넷째, 비판적이거나 부정적 반응 보이기
경청하는 동안 타인의 의견이나 생각을 비판하거나 부정적인 반응을 보이는 것은 피해야 합니다. '네가 문제야.', '맨날 내가 말하잖아. 네가 고쳐야 돼", "그럴 줄 알았어".이런 말은 상대방의 자존감을 깎아 먹습니다. 또 상대방이 말하는 것에 진심으로 대하지 않는 인상을 줍니다. 상대방의 의견을 존중하는 태도를 보여주세요. 어떻게요? 먼저 진심을 다해 들어주세요.

다섯 째, 주제를 바꾸려고 시도하기

상대방은 오늘 맛있게 먹은 점심메뉴를 얘기하는데, 오늘 점심 먹은게 체한 것 같다고, 그 식당 별로라고 말하면 대화가 어떻게 될까요? 대화중에 자신이 경험한 부분, 관심사 또는 개인의 의견으로 주제를 바꾸는 것은 경청이 아닙니다. 상대방의 말을 무시하는 행위입니다. '내가 맞아', '내 의견이 중요해'라며 자신의 생각이나 의견만 중요하게 여긴다는 인상을 줍니다. 대화 상대방이 말하고 있는 내용에 집중하고, 그들의 이야기에 귀 기울이는 것이 중요합니다. 자신의 경험이나 생각을 공유하기 전에 상대방의 말을 충분히 듣고 그들의 주제에 집중하세요.

*셀프코칭질문

가족에게서 가장 많이 지적받는 것은 무엇인가요?
먹을 때 짭짭소리내기, 아무 때나 방귀 끼기 등 가족이라고 편해서 습관처럼 하는 행동을 생각해보세요.

대화하는 중에 어떨 때 상대방의 말을 자르고 싶나요?
그 사람 말이 틀려서? 나를 오해하고 있어서? 그 때의 감정은 무엇인가요? 나는 왜 평온함을 유지하면서 끝까지 듣지 못할까요?

※가족들이 듣고 싶은 말과 듣기 싫은 말을 정리해 보세요. 힘이 나고 행복하게 하는 말은 더 자주하고, 듣기 싫은 말은 아예 사용하지 않도록 더 조심해 보세요.

	듣고 싶은 말	듣기 싫은 말
나		
아내		
아이		
아이		
아이		
강아지		
고양이		

2장 칭찬과 인정으로 반응하라

I can live for two months on a good compliment.
-마크 트웨인

4일 인정욕구를 충족시키는 칭찬사용법

우리에게는 다양한 욕구가 있습니다. 크게 5가지로 생리적 욕구, 안정과 안전에 대한 욕구, 소속이 되어 인정과 사랑을 받고 싶은 욕구, 존경의 욕구, 자아실현의 욕구입니다. 생리적 욕구는 의식주와 연관이 있으며, 생명유지를 위해 작동합니다. 불안감 해소 및 신체적, 정신적으로 좋은 환경에서 지내고 싶은 안정감과 안전을 느끼고 싶은 욕구도 있고, 집단에 소속이 되어 인정과 사랑받고 싶은 욕구도 있습니다. 또 가정에서 사회에서 자신의 존재와 업적으로 많은 이들에게 존경받고 싶은 욕구도 있습니다. 아울러 개인적으로 다양한 것을 성취하며, 유능함을 보여주고 지속적으로 자존감을 높이며 타인에게 인정받고 싶어 합니다. 마지막으로 자신의 잠재력을 최대한 발휘하며 자아실현을 하고자 하는 최상의 욕구도 있습니다.

 이 다양한 욕구의 밑바닥에는 무엇이 있을까요? 바로 인정받고 싶은 마음이 있습니다. 우리는 성실함을 인정받을 때, 능력을 인정받을 때 기쁩니다. 내가 인정받는 삶을 산다면 타인을 인정하는 것도 그렇게 어려운 일은 아닙니다. 승강기에서 뒷사람을 위해 열림 버튼을 누르고 있을 때, "감사합니다"라고 말하는 사람은 당신의 친절함을 인정하고 있습니다.

그렇다면 인정을 하지 않을 때 어떤 상황이 일어날까요?
대화 예시로 보겠습니다.

[대화예시] 아내가 인정을 받고 싶어 하는 상황 (부정적)
아내: "오늘 회사에서 정말 힘들었어. 프로젝트 마감일이 다 가오니 스트레스가 이만 저만이 아니야."
남편: "또 그 얘기야? 나도 오늘 하루 종일 바빴어. 항상 네 문제만 심각하냐"
아내: "그냥 내 얘기 좀 들어주면 안 돼?. 내가 느끼는 어려움을 이해할 수는 없어?"
남편: "모두가 힘들어. 너만 일하냐?"
아내: (더 말하고 싶지만 입을 닫는다)
남편: "지금 이해받고 싶은 건 너만이 아니야. 나도 힘들어."

그럼 인정을 제대로 사용하는 대화법은 어떨까요?
[대화예시] 아내가 인정을 받고 싶어 하는 상황 (긍정적)

아내: "오늘 회사에서 정말 힘들었어. 프로젝트 마감일이 다 가오니 스트레스가 이만 저만이 아니야."
남편: "그랬구나, 정말 힘들었겠다. 그 프로젝트가 얼마나 중

요한지 알아. 당신 참 대단하네."
아내: "진짜? 가끔은 나도 내가 잘하는지 의심스러워."
남편: "그럼, 당신이 얼마나 열심히 일하는지 내가 잘 알지. 잘하고 있으니 걱정하지마."
아내: "그 말 들으니까 힘이 난다. 고마워, 정말 필요한 말이었어."
남편: "난 항상 당신 편이야. 자기는 항상 최선을 다하니까 걱정하지 마."

[대화예시] 아내가 인정을 받고 싶어 하는 상황 (부정적)

아내: "오늘 집안일을 진짜 많이 했어. 창문도 닦고, 욕실청소도 하고."
남편: "그래? 나도 오늘 하루 종일 바빴어. 다른 건 할 시간이 없었어."
아내: "나도 피곤했지만, 우리 가족을 위해서 했어."
남편: "아니 피곤하면 하지를 말지. 내가 시킨 것도 아니잖아."
아내: "잘했네 하고 인정하면 어디가 덧나?"
남편: "아니 인정을 안 하는 게 아니라, 자기가 하고서 왜 생색을 내?"

[대화예시] 아내가 인정을 받고 싶어 하는 상황 (긍정적)

아내: "오늘 집안일을 진짜 많이 했어. 창문도 닦고, 욕실청소도 하고."
남편: "어쩐지 집이 깨끗하더라. 수고했네."
아내: "진짜? 깨끗해? 나 혼자 한 건데, 잘했는지 몰라."
남편: "여보, 반짝반짝 윤이 나. 욕실에서 향기가 나더라고"
아내: "그래? 다행이다. 너무 기쁘네."
남편: "집이 깨끗하니 기분도 더 좋네."

가정에서는 어떤가요? 회식하는 날 치킨이라도 한 마리 사갖고 들어가면 아이들은 환호합니다. "우리 아빠 최고", 담배 피러 나가면서 재활용 쓰레기라도 버리면 "역시 여보밖에 없네!"라는 아내의 사랑스런 한마디를 듣게 됩니다. 인정을 표현하는 가장 쉬운 방법은 칭찬입니다. 칭찬은 때로 하기 싫은 일도 하게 만드는 마법이 됩니다.

당신은 어떤가요? 칭찬을 많이 합니까? 또 칭찬을 많이 듣습니까?

칭찬은 말로 하는 보상으로 상대방을 기분 좋게 합니다. 또 우리의 본성에는 칭찬받고자 하는 열망이 있습니다. 아내가 맛있는 된장찌개를 끓여줬을 때 "오늘 된장찌개가 기가 막히네. 밥 두공기 먹어야겠어."라고 하면 맛있는 된장찌개를 한 달 내내 먹을 수 있습니다. 만약 어제 아내와 싸웠는데 오늘 갑자기 된장찌개 칭찬을 하면 우스울 수도 있습니다.
진심이 담기지 않은 칭찬, 타이밍이 맞지 않는 칭찬은 독이 됩니다.

칭찬을 잘하는 3가지 방법입니다.

첫째, 갈등은 먼저 해소하고 칭찬하라.
칭찬을 해야 할 상황 전에 다투거나 문제가 있었다면 그 일부터 해결하고 칭찬하세요. 어제 얼굴을 붉히면서 싸웠는데 오늘 갑자기 칭찬하면 서로 머쓱해집니다.

둘째, 칭찬을 할 때는 힘 있는 목소리로 하세요.
 작은 목소리나 힘이 없는 목소리로 하면 하기 싫은데 억지로 하는 인상을 줄 수 있습니다.

셋째, 칭찬 받는 상대방의 반응에 기분 상하지 마세요.
칭찬을 하면 반응은 크게 두 가지로 나뉩니다. 감사하게 받거나 민망해 하거나입니다. 대체로 한국인들은 감정을 자세하고 풍부하게 표현하는 것을 절제합니다. 내가 진심으로 칭찬했는데 반응이 별로라도 이해하세요. 속으로는 좋으나 부끄럽고 민망한 마음에 그렇게 반응합니다.
가족과 타인에게 아무 때나 할 수 있는 칭찬법도 살펴보겠습니다.

아내에게 칭찬하는 법
"당신, 요리 진짜 잘해. 항상 맛있는 걸 만들어줘서 고마워."
"언제나 모든 걸 긍정적으로 대하는 거, 진짜 대단해."
"당신은 좋은 엄마야. 우리 애들은 복 받았네"
"어떤 상황에서도 그렇게 침착해? 정말 멋지다."
"당신은 웃을 때 너무 예뻐."
"당신, 오늘 더 예쁘네."

자녀를 칭찬하는 법
"요즘 열심히 공부하는 거 다 알아. 정말 잘하고 있어."
"친구들하고 잘 지내는 거 보니까 참 사교적인 것 같아."
"방 정리 잘하는 거 보고 놀랐어. 잘 하더라."
"동생을 챙기는 걸 보면 정말 마음이 따뜻해져."
"취미에 대한 열정이 멋지다. 계속 그렇게 해."
"결심한대로 늘 해내는 것 같아. 정말 자랑스러워."

누구에게나 사용할 수 있는 칭찬하는 말

"항상 긍정적인 태도를 가지고 있어서 좋아요."
"아이디어가 정말 독창적이고 신선하네요."
"항상 모든 것에 최선을 다하는 것 같아요."
"말을 매우 설득력 있게 하시네요."
"어려운 문제를 해결하는 데 뛰어난 능력을 갖고 있어요."
"항상 주변 사람들을 도와주시려고 하네요."
"늘 꼼꼼하고 정확하시네요."

*셀프코칭질문

가족에게 가장 인정받고 싶은 것은 무엇인가요?

가족들은 당신에게 어떤 부분을 가장 인정받고 싶어 할까요?
아내, 아이들, 부모님들을 떠올리며 생각해 보세요.

[부록] 셀프칭찬목록

1. 남을 칭찬할 줄 아는 나를 칭찬합니다.
2. 배려할 줄 아는 나를 칭찬합니다.
3. 겸손할 줄 아는 나를 칭찬합니다.
4. 남을 존중할 줄 아는 나를 칭찬합니다.
5. 가진 것을 베풀 줄 아는 나를 칭찬합니다.
6. 나를 사랑할 줄 아는 나를 칭찬합니다.
7. 경청하는 나를 칭찬합니다.
8. 잘못을 받아들일 줄 아는 나를 칭찬합니다.
9. 열심히 살아가는 나를 칭찬합니다.
10. 무슨 일이든 잘 해결하는 나를 칭찬합니다.

5일 나의 말투 점검하기

나이가 들수록 뉴스가 재밌다더니 저도 해가 거듭될수록 뉴스를 즐겨봅니다. 그러다 최근에 새로운 경험을 했습니다. 리포터가 소식을 전하고 스튜디오로 마이크를 넘겼습니다. 그 순간, 편안한 목소리로 차분히 진행하는 소리가 저의 귀를 사로잡았습니다. '뉴스를 저렇게도 편하게 전할 수 있구나!'하고 감탄했습니다. 메인앵커가 낮은 목소리로 말하는데도 발음도 정확하고, 주의를 집중시켰습니다. 정말 계속 듣고 싶은 목소리였고, 아무리 들어도 질리지 않을 목소리란 생각까지 들었습니다.

성공적인 대화를 보면 전달하는 내용은 7%, 목소리 음색은 38%, 무언의 대화(몸짓, 침묵 등)가 55%를 차지합니다. 내용보다 어떻게 들리느냐가 더 중요합니다. 성공적인 대화를 위해서는 말투를 신경 써야 합니다. 말투는 억양과 속도에 따라 달라집니다. 그 앵커는 서울말씨를 구사했고, 숨이 차지도 너무 느리지도 않은 속도로 말을 했습니다. 말의 속도가 너무 느리면 듣는 상대방은 딴 생각을 하게 되고, 너무 빠르면 알아듣기 힘듭니다. 1분에 150단어가 가장 적절한 양입니다. 아마 앵커는 그 정도의 적절한 양을 말해서 듣기가 더 편하지 않았을까 생각합니다.

아내와 가족에게 말을 할 때 말투는 당연히 공손하고, 부드럽고, 예의바른 말씨를 사용해야겠지요. 말하는 속도는 상대방을 위한 배려입니다. 내가 말을 할 때 상대는 생각하면서 듣습니다. 명확하게 의사를 전달하기 위해서는 물론 고음이 좋습니다. 하지만 높고 강한 목소리는 불만이 가득 차서 따지는 느낌을 주어 상대방을 자극 할수도 있습니다. 고음에 말 속도까지 빠르게 하면 흥분이 전달되어 듣는 사람은 긴장합니다. 설득을 해야 한다면 중저음으로 말하세요. 신뢰감을 보여주기 때문에 더 효과적입니다. 낮고 조용한 목소리는 상대방에게 생각할 여유를 줍니다. 말하는 중에 중요한 부분은 속도를 줄이세요. 상대방의 반응이 필요한 부분에서도 꼭 속도를 줄여보세요.

아래의 대화 예시 중 부정형과 긍정형을 비교해 보고, 긍정형의 대화를 소리 내어 연습해 보세요. 녹음도 해보며, 자신의 목소리가 어떻게 들리는지 느껴 보세요.

[대화예시] 무관심과 비판을 포함한 대화(부정형)

남편: "오늘 회사에서 뭐 했어? 또 바빴어?"
아내: "오늘 마감하는 프로젝트 때문에 힘들었어."
남편: "또 그 얘기야? 너희 회사는 뭔가 문제가 있는 것 같아."
아내: "우리 회사에 무슨 문제가 있는데?"
남편: "아, 맨날 얘기해봐야 내 입만 아프지. 그런 회사는 그냥 때려치워."

[대화예시] 격려와 칭찬을 포함한 대화(긍정형)

남편: "오늘 회사는 어땠어?."
아내: "오늘 마감하는 프로젝트 때문에 힘들었어."
남편: "그랬구나. 마감했다니 다행이다. 그동안 많이 힘들었지?."
아내: "어, 그말 들으니까 힘이 나네."
남편: "우리 오늘 축하의 의미로 치맥이나 할까?"

[대화예시] 무시와 부정적인 반응을 나타내는 대화(부정형)

아내: "일이 너무 많아서 힘들어. 쉬고 싶다."
남편: "그만 두면 대출은 누가 갚아? 나 혼자 다 갚아야 돼?"

아내: "누가 그만둔대? 쉬고 싶다고 한거지"
남편: "그게 그거 아니야? 여자들도 군대를 가야하는데 이렇게 근성이 없어서 말이야"

[대화예시] 이해와 공감을 표현하는 대화(긍정형)

아내: "일이 너무 많아서 힘들어. 쉬고 싶다."
남편: "그래. 요즘 많이 바쁜 거 같더라. 주말에 쇼핑도 좀 하고 혼자만의 시간을 좀 보내."
아내: "진짜? 고마워."
남편: "고맙긴, 당신이 함께 애써서 우리가 이렇게 편하게 사는걸."

[대화예시] 회피하며 불친절한 대화(부정형)

남편: "오늘 저녁 뭐 먹을까? 메뉴가 뭐야?"
아내: "오늘 좀 몸이 안 좋아서……. 배달시킬까?"
남편: "돈이 썩어 나냐? 애들한테도 배달음식은 해로워."
아내: "오늘만 그러면 안돼?"
남편: "이번 주만 벌써 3번인데 뭐가 오늘만이야?"

[대화예시] 긍정적인 감정과 친절을 표현하는 대화(긍정형)

남편: "오늘 저녁에 뭐 먹고 싶어? 내가 오랜만에 해볼게."
아내: "정말? 그럼 좋겠다. 자기가 해주는 짜장라면이 먹고 싶어"
남편: "겨우 짜장라면? 내가 오늘은 탕수육도 하겠다"
아내: "우와~당신 최고!"
남편: "당신이 해주는 음식은 항상 맛있어. 근데 오늘은 쉬어."

*셀프코칭질문

가족들은 내 목소리에 대해 어떻게 느끼나요?

배우나 성우 중에서 좋아하는 목소리가 있다면 그들의 어떤 특징 때문에 그 목소리를 선호하나요?

[부록] 말투자가진단 테스트

1. 나의 목소리는 고음인가? 저음인가?
2. 나의 목소리는 듣기 좋은가?
3. 목소리의 속도는 어떠한가?
4. 사투리를 사용하는가?
5. 상대방이 이해하기 힘든 단어나 표현을 사용하는가?
6. 화가 났을 때 목소리에 드러나는가?
7. 짜증과 귀찮음이 목소리에 드러나는가?
8. 지시할 때와 부탁할 때 목소리가 다른가?
9. 전화통화 시 평소와 목소리가 다른가?
10. 대상에 따라 목소리가 달라지는가?

6일 상대방을 위한 얼굴표정과 몸짓

무언의 대화(몸짓, 침묵 등)를 잘 할 때 성공적인 대화를 할 수 있습니다. 이는 55%를 차지한다고 했습니다. 즉, 말보다 행동이 더 많은 메시지를 전합니다. 말로는 괜찮다고 하지만 표정에서 불만이 드러나고, 흔쾌히 부탁을 들어주는 것 같지만, 몸이 한 없이 멀어져 있을 때 부탁을 한 당사자도 거리감을 느끼게 됩니다. 이런 경험 한 적 있으시죠?

좋은 대화에서는 내용보다 전달하는 방식이 중요함을 여러 번 강조했습니다. 인간은 아름다운 것을 탐닉하고, 아름다운 것에 관대합니다. 당신이 비율이 환상적인 다비드 조각처럼 아름다운 존재라면 크게 노력(?)하지 않아도 사람들은 당신에게 친절할 겁니다. 그렇지 않다면 얼굴표정을 잘 쓰는 연습을 꼭 해야 합니다. 얼굴은 거울로 볼 때를 제외하고는 스스로 볼 수 없습니다. 결국 내 얼굴 표정은 타인을 위해 존재합니다.

한국의 모든 여배우들이 아름답지만 그 중에서도 저는 김혜수 배우를 참 예쁘다고 생각합니다. 환하게 미소 짓는 그녀의 얼굴은 계속해서 보고 싶은 마성의 매력을 갖고 있습니다. 자신이 가장 좋아하는 사람을 떠올려 보세요. 부모님,

옆집 이웃, 동료, 친구 또 연예인이거나 유명인, 배우이거나 가수일수도 있습니다. 그 사람의 얼굴에서 어떤 부분 때문에 표정이 매력적으로 보이는지 생각해 보세요. 그리고 사진을 구해서 거울에 붙여 놓고, 그 사람처럼 매력적으로 표정을 짓는 연습을 하세요.

얼굴에는 약 42개 정도의 근육이 있다고 합니다. 이 근육들은 매우 작고, 복잡하게 서로 얽혀 있어서 다양한 얼굴 표정을 가능하게 합니다. 이 근육들은 감정을 표현하고, 말하는 동안 입과 눈 주위를 움직이며, 다양한 미묘한 표정 변화를 가능하게 합니다. 예를 들어, 미소 짓거나 눈썹을 치켜 올리거나, 놀란 표정을 짓는 것 등이 모두 이 근육들의 조화로운 움직임으로 이루어집니다.

얼굴 근육을 이완시켜 예쁜 표정을 짓는 방법은 자신감과 편안함을 향상시키는데 도움이 됩니다. 시작하기 전에, 깊게 숨을 들이쉬고 천천히 내쉬어 긴장을 푸는 것이 중요합니다. 신체와 마음을 이완시키고 표정 근육에 긴장을 풀어주세요. 얼굴의 주요 부위인 이마, 눈가, 입술, 턱 등을 부드럽게 마사지하며 긴장을 완화시켜 보세요. 특히, 눈을 감고 눈가 근육을 부드럽게 풀어주는 것이 좋습니다. 입술을 가볍게 떼고, 입가의 근육을 편안하게 하는 것도 효과적입니다. 턱 근육을 이완시키려면, 입을 약간 벌리고 턱을 살짝 내리는 연습을 해보세요. 또한, 규칙적으로 얼굴 요가나 스트레칭을 하면 얼굴 근육의 긴장을 줄이고 표정을 더 자연스럽게 만들 수 있습니다. 이러한 방법을 통해 더욱 자연스럽고 예쁜 표정을 지을 수 있으며, 대화할 때나 사진에서도 더욱 매력적으로 보입니다. 얼굴 근육의 이완은 또한 스트레스 해소와 정서적 안정에도 긍정적인 영향을 미칩니다.

얼굴표정은 호감을 주며 매력적이어야 합니다. 우리는 귀 밑까지 입꼬리가 올라갈 정도 웃는 상을 매력적이라고 느낍니다. 평소에 짓는 표정이 그대로 주름이 되고, 굳은 근육으로 자리를 잡습니다. 그래서 마흔이 넘으면 자기 얼굴에 책임을 져야한다는 말이 생긴 것입니다. 지금부터 거울을 보고 멋지게 웃는 연습을 하세요.

호감 있는 얼굴표정을 하기 위해서는 맑은 눈도 필요합니다. 맑고 또렷한 눈동자는 계속 바라보게 하는 매력이 있습니다. 잦은 컴퓨터 작업과 노안으로 우리의 눈은 침침해집니다. 안구운동도 자주 하고, 눈에 좋은 영양제도 챙겨 먹으며 맑은 눈을 오랜 시간 유지해 보세요.

대화 중 얼굴 표정과 몸짓을 사용하는 방법에 대해 쉽게 설명해 드리겠습니다. 이러한 비언어적 요소들은 대화를 풍성하게 만듭니다.

미소: 대화를 시작할 때 미소를 지으면 상대방에게 친근감과 긍정적인 태도를 전달할 수 있습니다. 자연스러운 미소는 호감을 주고 긴장을 완화시켜 줍니다.

얼굴 표정 관리: 대화중에는 상대방의 말에 따라 얼굴 표정을 조절하는 것이 중요합니다. 공감, 관심, 놀람 등을 적절히 표현해 보세요.

불안한 표정 피하기: 입술을 깨무는 것이나 눈을 자주 깜빡이는 것은 불안하거나 긴장된 태도로 보일 수 있습니다. 가능한 한 이런 표정은 피하는 것이 좋습니다.

눈맞춤: 상대방과 눈을 맞추면 관심과 존중의 태도를 보여줍니다. 하지만 지나치게 오래 또는 뚫어지게 쳐다보는 것은

피하세요.

눈썹: 눈썹을 들어 올리거나 구부리는 것은 놀람, 관심, 의심 등 다양한 감정을 드러냅니다. 대화 중 상대방의 눈썹 움직임에 주의를 기울이면 그들의 감정을 더 잘 이해할 수 있습니다.

머리 기울이기: 관심을 보이고 경청하고 있다는 신호로 머리를 약간 기울일 수 있습니다. 상대방의 말에 집중하고 있다는 것을 나타냅니다.

고개 끄덕임: 상대방이 말하는 동안 고개를 끄덕이면 경청하고 있다는 것을 나타내며, 긍정적인 피드백을 제공합니다.

팔짱 끼지 않기: 팔짱을 끼는 것은 방어적이거나 폐쇄적인 태도로 해석될 수 있습니다. 팔을 풀고 자연스러운 자세를 취하는 것이 좋습니다.

몸을 상대방 쪽으로 기울이기: 관심과 집중을 나타내기 위해 상대방 쪽으로 몸을 약간 기울이는 것이 좋습니다. 단, 너무 가까이 다가가면 상대방이 불편할 수 있습니다.

상대방의 몸짓에 반응하기: 상대방의 몸짓이나 표정에 적절히 반응하는 것도 중요합니다. 공감과 이해를 보여주는 방법이니, 잊지 마세요.
호감을 보이는 행동: 가끔씩 상대방의 어깨를 가볍게 툭 치거나 손을 잡는 등의 행동은 친밀감과 호감을 나타냅니다. 하지만 이는 상대방과의 관계와 상황에 따라 적절히 조절해야 합니다. 이성에게는 절대로 쓰지 마세요.

이러한 비언어적 신호들은 대화에 깊이와 의미를 추가하며, 대화의 효과를 크게 향상시킬 수 있습니다. 얼굴 표정과 몸짓을 적절히 사용하면 상대방과의 의사소통이 더욱 효과적이고 즐거워집니다.

*셀프코칭질문

내가 가장 환하게 웃을 때는 언제인가요? 무엇이, 누가 나를 그렇게 웃게 하나요?

어떨 때 내가 찡그리거나 무표정으로 있나요? 어떤 감정이 유독 얼굴에 잘 드러나나요?

3장 질문할 때 존중을 표현하라

Judge a man by his questions rather than his answers

-볼테르

21일 완성 공감대화법
대화회복 프로젝트

7일 누구에게나 편하게 사용하는 7가지 질문법

질문은 쉬워야 합니다. 한 번에 4-5가지를 질문하는 것은 직업이 검사일 때만 가능합니다. 질문으로 상대방을 긴장시키면 안 됩니다. 특정한 의도를 갖고 질문해서도 안 됩니다. 제대로 질문하는 8가지 방법입니다.

① **명확한 질문**

질문은 명확하고 이해하기 쉬워야 합니다. 복잡하거나 모호한 질문은 피하고, 직접적이고 간결한 방식으로 질문하세요. 예를 들어, 자녀가 시험공부를 열심히 하고 있는지 궁금한데 "너는 할 일이 없니? 시간이 많나보네."라고 말하지 마세요. 구체적이고 명확하게 "시험 준비는 잘되고 있니?"라고 묻는 게 좋습니다. 질문을 다음 전에, 무엇을 알고 싶은지 정확히 생각하고, 그에 맞게 질문하세요.

[대화예시] 명확한 질문

아빠: "오늘 학교에서 뭘 배웠니? 특별히 재밌는 수업은 뭐야?"

자녀: "오늘 과학시간에 새로운 실험을 했어요. 엄청 재미있었어!"
아빠: "정말? 실험에서 어떤 걸 배웠니?"

② 개방형 질문

개방형 질문은 상대방이 다양한 답을 할 수 있습니다. 이런 질문들은 "어떻게", "왜", "무엇을"과 같은 단어로 시작합니다. 예를 들어, "어떻게 공부하면 성적이 잘 나올까?"라는 질문은 자녀가 자신의 아이디어를 자유롭게 표현할 기회를 줍니다. 개방형 질문은 대화를 더 깊고 풍부하게 만들며, 상대방의 생각을 더 잘 이해할 수 있게 해줍니다.

[대화 예시] 개방형 질문

아빠: "친구들과 주로 뭘 하며 시간을 보내니?"
자녀: "유튜브를 보거나 게임을 해요. 가끔 축구도 하구요."
아빠: "오, 어떤 유튜브를 보니? 궁금하다. 더 얘기해 줄래?"

③ 닫힌 질문 사용

때때로 닫힌 질문, 즉 "예" 또는 "아니요"로 답할 수 있는 질문도 유용할 수 있습니다. 이런 질문은 구체적인 정보를 빠르게 얻거나, 대화의 방향을 명확히 하는 데 도움이 됩니다.

[대화예시]

아빠: "오늘 학교에서 수학 시험 봤지? 시험 어땠어?"
자녀: "응, 나쁘지 않았어요."
아빠: "그럼, 준비한 대로 잘 봤니?"
자녀: "응, 그런 것 같아요."

④ 질문 중 끼어들지 말기

질문을 한 후에는 상대방의 답변에 귀 기울여야 합니다. 이는 대화에 존중과 관심을 보이는 것입니다. 상대방이 말하는 동안 중간에 끼어들거나 방해하지 마세요. 1장 경청에서 말 자르지 말라는 내용과 동일합니다. 상대방의 말을 다 듣고서 자신의 의견을 말하세요. 상대방이 말한 내용을 정확히 이해했는지 확인하기 위해, 말을 요약하거나 질문으로 다시 물어보는 것은 좋습니다.

[대화 예시] 질문 중 끼어들지 말기

아빠: "친구들과 주로 뭘 하며 시간을 보내니?"
자녀: "유튜브를 보거나 게임을 해요. 가끔 축구도 하구요."
아빠: "유튜브를 보는구나. 축구도 하고. 궁금해. 유튜브 중에 제일 좋아하는 채널은 뭐야?"

⑤ 비판적 질문 피하기

대화 중 비판적이거나 부정적인 질문은 상대방을 방어적으로 만들 수 있습니다. 대신, 상대방의 의견을 존중하는 태도로 질문하세요. 예를 들어, "이 방법이 왜 실패할 것 같아?" 대신 "이 방법을 쓸 때 걱정 되는 게 있어?"라고 묻는 것이 더 좋습니다. 상대방의 의견이나 생각을 무시하거나 폄하하는 질문은 피하세요.

[대화예시] 부적절한 방식

아빠: "또 게임만 하니? 게임만 하다간 머리가 나빠져."
자녀: "게임도 좋은 점이 있어요."

[대화예시] 더 나은 방식

아빠: "게임을 할 때 어떤 점이 가장 좋니? 게임 말고 관심 있는 다른 활동은 뭐가 있니?"
자녀: "게임에서 친구들과 소통하고 새로운 전략을 배워요. 그리고 유튜브로 음악 듣는 것도 좋아해요."

⑥ 순서와 구조

질문의 순서와 구조도 중요합니다. 대화의 흐름에 맞게 질문을 배열하면 자연스럽고 효율적인 대화가 이루어집니다. 예를 들어, 기본적인 정보를 묻는 질문부터 시작하고, 점차 더 복잡하거나 깊은 주제로 넘어가는 것이 좋습니다. 질문을 할 때는 대화의 목적과 상대방의 반응을 고려하면서 적절한 질문을 선택하세요.

⑦ 감정을 고려한 질문

대화에서 감정적인 요소도 고려하는 것이 중요합니다. 상대방의 감정이나 상태를 이해하려고 노력하세요. "지금 어떤 기분이야?" 또는 "이 상황이 어떤 영향을 미쳤어?"와 같은 질문은 상대방의 감정을 고려한 질문입니다.
상대방의 감정을 인정하고, 그들의 입장에서 생각하려는 노력은 대화를 더욱 의미 있고 생산적으로 만듭니다.

[대화 예시] 감정을 고려한 질문

아빠: "최근에 좀 피곤해 보이네. 학교생활은 어떠니?"
자녀: "응, 시험 기간이라 바빠요."
아빠: "시험 기간이구나. 치킨을 먹으면 스트레스가 좀 줄까?"

⑧ 상대방의 답변 이해하기

마지막으로, 상대방이 답변한 내용을 정확히 이해하고, 그 내용에 기반을 두어 추가 질문을 하는 것이 중요합니다. 상대방의 말을 잘 듣고, 그들의 의견을 반영하여 추가로 질문을 할 수 있습니다.

[대화 예시] 상대방의 답변 이해하기

아빠: "최근에 새로 시작한 취미가 있니? 네 관심사가 궁금해."
자녀: "그림 그리는 걸 시작했어요."
아빠: "그림 그리기 시작했구나. 어떤 종류의 그림을 그리고 있니?"
자녀: 유화를 그리고 있어요.
아빠: 유화는 수채화랑은 다른 거지?
자녀: 수채화는 물을 쓰고, 유화는 기름을 사용해요.
아빠: 아, 그렇구나. 설명해줘서 고마워. 아빠는 수채화만 알아서 말이야. (이해한 후 추가 질문) 유명한 화가 작품 중에 내가 알만한 게 있을까?

할 말이 없다면 대화는 이어지지 않습니다. 내가 한 번 질문하고 상대가 답하고 나서 더 이상 할 얘기가 없다면 그 상황도 대화라고 할 수 있을까요? 효과적인 질문법은 대화를 더욱 생산적이고 의미 있게 만들어, 새로 나눌 수 있는 이야기를 끝없이 샘솟게 합니다. 이러한 방법을 적절히 활용하해 더 풍성하고 만족스러운 대화를 나눠 보세요.

*셀프코칭질문

어렸을 때 나를 가장 당황시켰던 질문은 무엇인가요?

내가 가장 감동했던 질문은 무엇이었나요? 나의 어떤 감정과 생각을 자극했나요?

8일 마음을 열기위해 질문하라

질문은 듣는 사람으로 하여금 답을 찾게 합니다. 하지만 질문이 그렇게 마법을 부리게 하려면 상대방의 마음부터 열어야 합니다.

욱하는 사람과 비아냥거리는 사람의 대화를 통해 어떻게 질문해야 하는지 살펴보겠습니다. 초등학교에서 처음으로 국어를 배웠을 때 육하원칙대로 질문하라고 배웠습니다. 검사나 경찰은 이런 질문을 마음껏 해도 좋습니다. 그 왜 그런 방식으로 질문을 한다면 상대방은 취조당하는 느낌이 듭니다. 질문에서 가장 중요한 것은 '어떻게'와 '왜'이지 사건의 순서나 장소가 아닙니다. 나의 궁금증을 충족시키기 위한 질문도 삼가야 합니다.

아내가 우물쭈물 거립니다. 무언가 할 말이 있는 것 같은데 좀처럼 입을 떼지 않습니다. 이럴 때 짜증이 확 치솟습니다. 그 때 '무슨 일이야? 얼른 말해'라고 윽박지르나요? 축하드립니다. 대화를 시작도 전에 이미 끝내셨습니다. 나쁜 의미로 참 대단한 능력을 갖췄습니다.

[대화예시] 욱하는 사람의 나쁜 대화 예

아내: 저기…….
남편: 뭐?
아내: 있잖아…….
남편: 뭐가 있어?
아내: 내가 ……뭘 좀…….
남편: 뭘? 무슨 일 있어?
아내: 그게…….
남편: 아니, 구렁이를 삶아 먹었어? 말을 해야 알아듣지?
아내: 내가 일을 좀 저지른 거 같아. 그게…….
남편: (아내의 말을 끊으며), 무슨 일? 내가 얌전히 살라고 했지. 내가 돈 벌어다주면 그거나 잘 쓰고 살지. 또 무슨 일을 벌였어? 같이 모여 다니는 여자들이랑 뭘 하고 다니는 거야?
아내: (휙 돌아서서 방으로 들어간다)

[대화예시] 비아냥거리는 사람의 나쁜 대화 예

아내: 저기…….

남편: 저기, 뭐?

아내: 있잖아…….

남편: 뭐가 있는데?

아내: 내가 …….뭘 좀…….

남편: 뭐 또 사고쳤구나? 내가 요새 좀 잠잠하다 했다.

아내: 그게…….

남편: 나 숨 넘어 가겠네. 얼른 말해.

아내: 내가 일을 좀 저지른 거 같아. 그게…….

남편: (아내의 말을 끊으며), (속사포로 말을 많이 함) 내가 그럴 줄 알았어. 네가 그렇게 우유부단하고 거절을 못 하니까 맨날 그렇게 이용당하지. 사람들은 네가 만만한 거야. 넌 나이가 40이 넘었는데도 왜 그걸 못 고치냐. 아~유 답답해.

아내: (휙 돌아서서 방으로 들어간다)

[대화예시] 좋은 대화 예

아내: 저기…….

남편: 어, 여보.

아내: 있잖아…….

남편: (기다려 주기)

아내: 내가 …….뭘 좀…….

남편: (고개를 끄덕이며 기다려 주기)
아내: 그게…….
남편: 여보, 듣고 있으니 찬찬히 말해 봐.
아내: 내가 일을 좀 저지른 거 같아. 그게…….
남편: (걱정하는 표정을 지으며), 무슨 일이야? 걱정되네.
아내: (주저하지만) 옆집 민수엄마가 너무 급하다고 해서 돈을 빌려 줬거든. 갚는다고 갚는다고 하면서 안 갚아. 우리 조만간 자동차 보험 갱신할 돈이었는데…….(중략)
남편: (고개를 끄덕이며 계속 듣고 있다는 표현하기) 아, 그랬구나.

차이가 느껴지시나요? '난 욱하긴 하지만 뒤끝은 없어'라고 말하는 남자들이 있습니다. 본인이 폭력적인 것을 전혀 인지하지 못하는 이상한 성격입니다. '욱' 하는 것은 어떤 상황에서도 반응이 폭발적이란 뜻입니다. 기뻐도 욱, 슬퍼도 욱, 화나도 욱인 거죠. 그런 사람에게 어떤 말을 할 수 있을까요? 혼자 끙끙거리며 해결 하는 게 더 쉽겠죠. 욱하는 사람들은 정보 수집을 위해 질문합니다. 육하원칙대로 빠르게 정보를 파악해서 문제점이 무엇인지 어떻게 해결해야 하는지에 초점을 맞춥니다. 문제가 생겼을 때 빠르게 해결하는 것도 사실 능력이긴 합니다. 하지만 해결하는 중에 사람들이 다

상처받아 죽을 수도 있습니다. 정작 문제는 해결됐으나 소중한 사람들을 잃게 됩니다.

비아냥거리는 사람은 어떤가요? 자신이 세상의 중심입니다. 자신보다 더 나은 사람은 자신을 낳아준 엄마뿐입니다. 모든 것을 다 알고 있고, '잘 한다' 착각하기 때문에 다른 사람을 우습게 여깁니다. 건강할 때는 그냥 무시만 하지만 불건강한 상태에서는 상대방의 약점과 실수를 끄집어내 자신이 더 나은 사람이라고 우쭐대기도 합니다. 더 악질인 것은 실컷 조롱하고 웃자고 한 얘기였다며 혼자만 재밌게 마무리를 합니다. 아무도 웃을 수가 없는 농담에 분위기를 싸하게 만들어 놓고 재밌으면 땡인 인간형입니다.

모든 사람이 위 2가지 인간형은 아닙니다. 하지만 우리가 인정해야 하는 것은 우리도 살면서 일부 그 나쁜 습성을 알게 모르게 사용한다는 것입니다. 가족은 그 일부의 모습에 지속적으로 상처 받습니다. 그렇게 여러 번 반복되다보면 또 시작이네라고 하며 당신의 말에 귀를 닫습니다. 귀를 닫으면 마음도 함께 닫칩니다. 나는 남자이지만 때로는 울고 싶고, 내 마음을 털어놓고 싶은데, 가장 필요한 순간에 대화할 상대가 하나도 없을 수 있습니다. 그렇게 외롭게 지내고 싶은 가요? 구글에서는 우리의 기대수명을 400살로 보고 있어요. 아주 오래 삽니다. 사는 게 지겨워 죽는 날이 온다고 예상하고 있습니다.

타인의 마음을 여는 7가지 질문입니다. 누구에게나 편하게 사용해 보세요.

1. 호기심을 보여주는 질문
상대방에 대한 진정한 호기심을 표현하세요. 예를 들어, "영화를 좋아하신다고 했는데, 최근에 0000들 보셨나요? "와 같은 질문은 상대방의 관심사에 대해 묻고, 그들의 생각을 듣고 싶다는 것을 보여주세요.

2. 상상력을 자극하는 질문
상대방의 상상력을 자극하는 질문을 하세요. 예를 들어, "만약 로또에 당첨된다면 뭐부터 하시겠어요?"와 같은 질문은 상대방이 자신의 상상을 공유하도록 격려합니다.

3. 창의적 해결책에 관한 질문
상대방의 창의적인 해결책을 찾는 데 도움을 주는 질문을 하세요. 예를 들어, "이 문제를 해결하기 위해 어떤 새로운 방법이 있을까요?"는 창의적 사고를 자극합니다.

4. 성장과 발전에 관한 질문
상대방의 성장과 발전에 관심을 보이는 질문을 하세요. 예를 들어, "자신의 어떤 면을 발전시키고 싶나요?" 또는 "챗GPT가 유행인데, 어떤 AI기술을 배우고 싶은가요?"와 같은 질문은 개인적인 성장에 초점을 맞춥니다.

5. 삶의 의미와 목표에 관한 질문
삶의 의미와 개인적인 목표에 관한 질문을 하세요. "인생에서 가장 중요한 것은 무엇인가요?" 또는 "장기적인 삶의 목표가 있나요?"와 같은 질문은 개인적인 가치와 목표를 탐색하도록 돕습니다.

6. 감사와 감정에 대한 질문
상대방의 감사하는 마음이나 긍정적인 감정에 초점을 맞춘 질문을 하세요. "최근에 감사했던 일이 있나요?" 또는 "가장 행복했던 순간은 언제였나요?"와 같은 질문은 긍정적인 감정을 공유하도록 유도합니다.

7. 역경 극복에 관한 질문
상대방이 겪은 역경과 그것을 극복한 방법에 대해 묻는 질문을 하세요. "가장 힘들었던 상황을 어떻게 극복했나요?" 또는 "어려움을 겪을 때 어떻게 자신을 위로하나요?"와 같은 질문은 역경 극복에 대한 이야기를 이끌어냅니다.

*셀프코칭 질문
가족 또는 타인의 마음을 열고 싶을 때 내가 하는 행동은 무엇인가요?

그들의 마음을 열고 싶은 가장 큰 목적은 무엇인가요?

9일 단답형 질문 사용법

단답형 질문은 간결하고 명확한 대답을 필요로 하는 질문 형태입니다. 이러한 질문은 보통 '예' 또는 '아니요', 혹은 매우 짧은 정보로 답변할 수 있습니다. 주로 단순한 사실 확인, 결정 요구, 또는 구체적인 정보 요청에 사용됩니다.

예를 들어, "오늘 비가 올까요?" 라는 질문은 "예" 또는 "아니요"로 답변할 수 있습니다. 복잡한 설명이나 의견을 요구하는 질문은 단답형이 아닙니다.

단답형 질문의 특징은 다음과 같습니다:

간결함: 질문 자체가 짧고 명확합니다.
명확한 대답: 대답이 간단하고 직접적입니다.
한정된 대답 옵션: 대부분 '예' 또는 '아니오', 혹은 특정 단어나 짧은 문구로 답합니다.
사실 중심: 개인적인 의견보다는 구체적인 사실이나 정보를 요구합니다.
직접적인 요구: 질문이 특정 정보나 결정을 명확하게 요구합니다.

단답형 질문은 효율적인 커뮤니케이션에 유용합니다. 예를 들어, 회의에서 빠른 결정을 필요로 할 때, 혹은 명확한 사실 확인이 필요할 때 주로 사용됩니다. 복잡한 주제나 심층적인 토론에는 적합하지 않습니다.

단답형 질문의 예시는 다음과 같습니다:
"이 문서를 읽었나요?"
"회의 시간에 맞출 수 있나요?"
"점심으로 짬뽕을 먹을까요?"

단순하고 명확한 대답을 요구하는 질문 때문에 의사소통을 더 빠르고 효율적으로 할 수 있습니다.

단답형 질문은 일상생활뿐만 아니라, 비즈니스, 교육, 조사 등 다양한 상황에서 활용됩니다. 그러나 질문의 범위가 제한적이기 때문에, 때로는 보다 넓은 범위의 정보를 얻기 위해 추가적인 질문이 필요할 수 있습니다.

회사에 신입사원이 왔을 경우, 외부인들과 회의를 하는 자리일 때, 처음 보는 사람들과는 단답형 대화를 해도 좋습니다. 테이블위에 커피와 녹차를 놓고 상대방을 대접하는 자리에서는 이렇게 질문해도 괜찮습니다. 그 날은 첫눈이 온 날이기도 합니다.

> 커피 좋아하세요?
> 커피 맛은 어떤가요?
> 커피 자주 드시나요?
> 아이들과 눈사람 만드세요?
> 최근에 썰매장 가보셨나요?
> 스노타이어로 바꾸셨나요?
> (신입직원에게)
> 내가 도와줄까?
> 할 만해?

뻔한 답이 와도 괜찮을 질문, 상대방의 긴장도를 낮춰주기 때문에 금방 친해질 수 있습니다. 목적이 없고, 의도도 없는 질문이기 때문에 첫 만남에서 편하게 사용할 수 있습니다. 아이러니 한 것은 사람들은 자기 자신에 대해 이야기 하고 싶어 하는 경향이 있기 때문에 낮은 긴장도의 질문을 들으면 더 많은 정보를 쏟게 됩니다.

단답형 질문 30가지, 직장에서 부담 없이 누구에게나 물어보세요.

오늘 회의 준비 다 됐나요?

프로젝트 마감일은 언제인가요?
이 이메일 확인했나요?
오늘 보고서 제출해야 하나요?
추가 자료가 필요한가요?
이번 주에 휴가 계획이 있나요?
점심 미팅에 참석 가능한가요?
예산안이 승인됐나요?
프레젠테이션 자료는 준비됐나요?
새 프로젝트에 참여하고 싶나요?
오늘 잔업이 필요한가요?
이메일에 회신했나요?
회의실은 예약했나요?
팀 미팅 시간을 알고 있나요?
이번 달 성과 목표는 달성했나요?
프로젝트 예산을 초과했나요?
업무 지시사항을 이해했나요?
서류 검토는 완료했나요?
고객 만족도 조사는 완료했나요?
내일 출장 계획이 있나요?
이번 주 중요한 미팅이 있나요?
네트워크 문제는 해결됐나요?
보안 업데이트는 했나요?

팀원들과 점심 약속은 있나요?
연차 사용은 신청했나요?
장비 구매 승인은 받았나요?
새 소프트웨어는 설치했나요?
고객의 피드백을 받았나요?
이번 주 업무 분담은 확정됐나요?
오늘 팀 브리핑이 있나요?

이렇게 다양한 장점을 갖고 있는 단답형이지만 이미 많은 것을 알고 있는 사이, 즉 가족들에게는 사용하지 마세요. 퇴근하고 집에 갔는데 내가 소중히 여기는 물건이 깨져 있습니다. 범인이란 확신이 가는 아이를 추궁합니다.

"이거 네가 깼지?"란 질문에 아니는 "나 아닌데."라고 답합니다. 원래 범인이 '내가 그랬어요' 하는 법은 없으니 머쓱하지만 한 번 더 추궁합니다. " 너 맞잖아" 아이는 소리칩니다. "나 아니라니까!" 이렇게 시작한 실랑이는 아이가 울어야 끝이 납니다.

> "네가 그랬어?"
> "이거 바가지 쓰고 산거지?"
> "네가 잘못한 게 아니야?"
>
> *이런 질문은 절대로 하지마세요

길을 걷다가 "도를 믿으십니까?"하는 질문을 받으면 어떻게 반응하시겠어요? '도'에 남다른 조예가 있는 분들은 끝까지 따라가서 조상님께 제를 드리면 됩니다. 그렇지 않은 분이라면 '아이쿠, 얼른 가야겠다..' '허, 잘못 걸렸네'하는 마음이 먼저 들지 않을까요?

단답형 질문은 상대방이 더 긴장합니다. 이 긴장감은 위기위식을 발동합니다. 뭔가 위험하구나라고 생각이 들면 사람은 방어를 합니다. 즉 더 많이 생각하면서 생각을 확장하기보다는 이걸 어떻게 받아치지 또는 어떻게 이 상황을 빠져나가지만 생각할 수 있습니다. 그러다보면 습관적이고 뻔한 답을 할 수 있습니다. 뻔한 답은 대화를 단절시킵니다. 더 이어서 할 얘기가 없어지기 때문입니다. 그래서 가족들에게는 사용하지 마세요.

*셀프코칭질문

단답형 질문을 효과적으로 쓸 수 있는 상황에 대해 생각해 보세요. 어떤 경우에 사용하면 좋을까요?

절대로 단답형 질문을 사용하면 안돼는 상황을 떠올려 보세요. 단답형 질문이 어떤 상황을 만들까요?

[부록] 아무 때나 쓸 수 있는 단답형 아이스 브레이킹 질문
어떤 커피를 좋아하세요?
커피와 차, 어떤 게 더 좋으신가요?
시계에 관심이 많으신가요?
패션에 관심이 많으신가요?
어디로 여행 가셨던거에요?
주말에는 뭘 하시나요?
요즘 어떤 영화가 재밌나요?
봄을 좋아하세요?(계절별로 바꾸기)
음악을 좋아하세요?
그림에 관심이 있으신가요?
요즘 특별히 관심 있는 활동이 있으신가요?
가장 좋아하는 음식은 무엇인가요?
강아지나 고양이를 좋아하세요?

아침형인간, 밤형인간 어느 쪽이세요?
가장 좋아하는 운동은 무엇인가요?
즐겨보는 YouTube 채널은 무엇인가요?

10일 질문의 의도는 서두에서 알려 주어라

어떤 질문을 하냐에 따라 대화의 방향이 결정됩니다. 내가 던진 질문에 상대방이 '왜 이런 걸 묻지?'라는 생각을 한다면 이것은 더 이상 대화가 아닙니다. 질문하는 사람의 궁금증이나 니즈를 해소하기 위한 일방적인 추궁이나 취조가 됩니다.

질문은 답을 맞춰야하는 퀴즈도 아니고, 틀리면 죽는 오징어 게임도 아닙니다. 질문을 할 때는 상대방을 불안하게 해서는 안 됩니다. 그러니 질문의 의도는 꼭 알려줘야 합니다. 그래서 상대방이 마음 놓고 내 질문에 답할 수 있는 상황을 만들어 주세요.

친한 동료와 커피를 마시며 수다를 떨고 있습니다. 동료가 최근에 산 아파트가 많이 올랐다고 자랑합니다. 거기에 대고 "그 아파트가 어디죠?"라고 질문을 던진다면 동료는 짧은 순간에 여러 가지 생각을 할 수 있습니다. "내가 잘됐다니 배가 아픈가?", "내가 거짓말을 한다고 생각하나?", "어디 아파트면 어쩌려고?", " 왜 내가 산 아파트를 깔려고 하나?" 등입니다. 그럴 때는 "저도 곧 이사를 가려는데 그 아파트가 좋을 거 같아서요. 어디 아파트인가요?"라고 묻는 게 좋습니다.

너무 개인적이거나 모호한 철학적인 질문 말고, 쉬운 질문으로 대화를 시작하세요. 첫 질문으로 상대방의 기분까지 좋게 할 수 있다면 금상첨화입니다. 이 세상의 모든 심리테스트를 통틀어 '가장 저급한 인간은 어떤 스타일입니까?'라고 묻는다면 주저하지 않고 "당황하게 하는 사람"이라고 답을 하겠습니다. 바로 의도적으로 민망한 상황에 놓거나, 인신공격을 하면서 상대를 당황하게 하는 것입니다. 상대방의 자존심을 건드리는 것을 알면서도 본인이 재밌어서 주체 못하는 저급한 사람입니다. 그런 사람들은 자신의 지식을 자랑하기 위해 상대방이 모르는 것에 대해 질문하기도 합니다. 비밀스럽게 얘기한 것을 모든 사람들 앞에서 확인사살용으로 질문하기도 합니다. "영끌 해서 산 아파트 때문에 이자 갚느라 허리가 휘지?"라며 걱정하는 척 자존심을 뭉개는 질문을 쓰레기처럼 던질 수도 있습니다.

아래 7개 대화예시에서 숨겨진 의도와 명확한 의도를 구분해 보세요.

남편: "요즘 운동을 안 하는 것 같아, 무슨 일 있어?"
나쁜 의도: 남편이 아내의 체중이나 외모에 대해 불만을 표현하려고 함.

남편: "요즘 운동을 잘 안 하는 것 같아. 건강이나 기분 때문에 그런 거야? 혹시 도와줄 수 있는 게 있으면 얘기해."
명확한 의도: 남편이 아내의 건강과 대해 걱정하고, 도움을 주고자 함.

남편: "최근에 쇼핑을 많이 하는 것 같더라. 근데 또 배달시키려고?"
나쁜 의도: 남편이 아내의 지출을 비난하거나 통제하려 함.

남편: "최근에 쇼핑을 좀 했던 것 같은데, 다음 달 생활비는 어때?
명확한 의도: 남편이 재정에 대해 솔직한 대화를 나누고 싶어함.

남편: "왜 요즘에 나랑 시간을 안 보내?"
나쁜 의도: 아내의 행동에 대해 불만을 표시하려 함.

아내: "최근에 함께 보내는 시간이 줄어 든 것 같아. 얘기 좀 할까?"
명확한 의도: 아내가 남편과의 관계에 대한 솔직한 대화를 원하고, 두 사람의 관계를 개선하고자 함.

남편: "내가 좋아하는 꼬막무침은 안 해줘?"
나쁜 의도: 아내의 가사 노동에 대해 불만을 표현하며 비난하려 함.

남편: "요리를 자주 안 하는 것 같은데, 요리에 관심이 없어진 건지, 아니면 다른 이유가 있어?"
명확한 의도: 남편이 아내의 관심사와 일상에 대해 이해하고, 필요하다면 도움을 제공하고자 함.

나쁜 의도를 갖고 하는 질문들은 상대방을 방어적으로 만들거나, 그들의 선택이나 행동에 대한 부당한 비판을 담고 있습니다.

나쁜 의도를 갖고 하는 질문과 유사해 보이지만 무해한 질문도 있습니다. 바로 의도를 숨긴 질문입니다. 표면적으로는 간단하지만 실제로는 더 깊은 정보를 얻기 위해 설계된 질문입니다. 이러한 질문은 상대방의 생각, 태도, 정보 등을 미묘하게 파악하는 데 사용됩니다. 주로 처음 만난 사이에 사용하면 상대를 파악하기에 유익합니다.
다음은 의도를 숨긴 질문의 예시 20개입니다.
"최근에 어떤 책을 읽었나요?"
- 상대방의 관심사를 파악.

"주말에 보통 뭘 하시나요?"
- 개인적 취미나 생활 스타일에 대한 정보 수집.

"좋아하는 영화 장르가 있나요?"
- 개인적 취향 및 성격 유형 추측.

"휴가 때 가장 기억에 남는 것은 무엇인가요?"
- 개인적 성향이나 가치관 탐색.

"가장 존경하는 인물은 누구인가요?"
- 가치관과 이상향 파악.

"주로 어떤 음악을 듣나요?"
- 문화적 취향 및 감성적 특성 이해.

"가장 기억에 남는 여행지는 어디인가요?"

- 개인적 경험 및 가치 평가.

"평소 운동을 자주 하나요?"
- 생활 방식 및 건강 의식 탐색.

"가장 좋아하는 계절은 무엇인가요?"
- 간접적인 성격 유형 추측.

"어렸을 때 꿈은 무엇이었나요?"
- 숨겨진 열정이나 잠재력 탐색.

"커피는 어떻게 마시나요?"
- 세부적인 취향 및 습관 파악.

"최근에 가장 힘들었던 일은 무엇이었나요?"
- 스트레스 관리 및 대처 능력 파악.

"가장 마지막으로 감동받았던 일은 무엇인가요?"
- 감성적 민감성 및 가치관 평가.

"가장 기억에 남는 꿈은 무엇인가요?"
- 내면적 생각 및 무의식적 욕구 탐색.

"평소에 어떤 유형의 소셜 미디어를 사용하나요?"
 - 디지털 선호도 및 사회적 상호작용 이해.

"가장 좋아하는 동물은 무엇인가요?"
- 간접적인 성격 특성 이해.

"최근에 가장 만족스러웠던 구매는 무엇인가요?"
- 소비 습관 및 가치 평가.

"이번 프로젝트에서 가장 어려웠던 점은 무엇이었나요?"
- 업무 능력 및 문제 해결 능력 평가.

"어떤 유형의 리더가 가장 좋나요?"
- 상대방의 선호나 업무 태도 파악.

이러한 질문들은 대답을 통해 상대방의 생각, 성격, 가치관, 취향 등을 더 깊이 이해할 수 있습니다. 그러나 의도를 숨긴 질문을 사용할 때는 상대방의 사생활을 존중하고, 불편하게 만들지 않도록 주의해야 합니다.

*셀프코칭 질문

상대방이 알아줄 거라 생각하고 많은 부분을 생략하진 않나요? 내가 어떤 결정을 하거나 질문을 할 때 반드시 설명하고, 미리 얘기해야 하는 부분은 무엇인가요?

의도를 숨기고 접근한 사람들을 떠올려보세요. 그들은 내게 무엇을 원하던가요?

11일 "그래서?", "왜?"를 적절하게 사용하라

사람들은 어떤 것에 질문을 받으면 자신이 원하지 않더라도 무의식중에 답을 찾아 알려주려고 합니다. 물론 너무나 사적인 정보를 캐묻거나, 특정 종교에 심취해 있는 사람들의 포교활동을 피하기 위해서는 질문자체를 수용하지 않는 방법도 현명하다 생각합니다. 저는 그런 상황을 마주할 때면 "답하기 곤란한 질문이네요."라며 질문을 묵인합니다. 없는 말을 지어내거나 거짓말을 하는 것 보다는 낫다고 생각하기에 선택한 방법입니다.

마음을 열기 위한 질문, 단답형 사용법과 단답형이 아닌 질문, 의도를 서두에서 넌지시 알려주며 시작하는 여러 종류의 질문을 했지만 대화가 더 길게 이어지지 않는다면 특별한 킥을 사용할 때입니다.

"그래서" 사용법

상대방이 말을 마친 후에 "그래서?"라고 되묻습니다. 상대방은 또 다른 생각을 끌어내 답을 합니다. 이때도 채근하거나 취조하는 것은 아닙니다. 어떤 대화에서든지 질문은 나 또는 상대방이 고민하거나 궁금해 하는 것의 답을 찾기 위해 존재한다. 가정해야 합니다. 소크라테스의 산파술을 생각하면 이해가 쉽습니다. 소크라테스의 산파술은 진리를 탐구하는 대화법입니다. 소크라테스는 질문을 통해 사람들이 스스로 생각하도록 도왔습니다. 직접 답을 주기보다는 질문을 통해 대화 상대가 자신의 지식과 믿음을 검토하게 만들었습니다. 이 방법은 지식이 인간의 내부에서 발견되어야 한다는 생각을 기반으로 합니다. 소크라테스는 자신이 아무것도 모른다고 했으며, 다른 사람들도 진정한 지식을 갖기 어렵다고 봤습니다. 그의 질문은 사람들이 모순된 믿음을 깨닫게 하고, 보다 명확하고 합리적인 생각으로 나아가도록 도왔습니다. 이런 방식으로 소크라테스는 철학적 대화와 탐구의 근본을 형성했습니다. "그래서"를 사용하면 대화가 자연스럽게 이어지고, 상대방에게 더 많은 정보를 공유하도록 유도할 수 있습니다. 아래에서 다양한 대화예시를 살펴봅니다.

[대화 예시]

남편: "오늘 회사는 어땠어?"
아내: "좀 바빴어. 여러 가지 일이 많았거든."
남편: "그래서, 그 중에서 가장 바빴던 일은 뭐야?."

[대화 예시]

아내: "어제 친구들이랑 오랜만에 수다를 다 떨었네."
남편: "그래서, 친구들과 무슨 얘기를 했어?."

[대화 예시]

남편: "이번 주말에는 뭘 하고 싶어?"
아내: "아직 모르겠어. 생각 중이야."
남편: "그래서, 뭘 하면 주말을 더 잘 보낼 수 있을까?."

[대화예시]

아내: "저녁에 새로운 요리를 만들거야."
남편: "오, 재미있겠다. 그래서, 어떤 요리야? 기대된다."

[대화 예시]

아내: "이번 주에 헬스클럽에 처음 가봤어."
남편: "그래? 좋았겠다. 그래서, 어떤 운동을 했어?."

[대화 예시]

아내: "오늘 친구와 함께 쇼핑 했어."
남편: "재미있었겠네. 그래서, 뭘 샀어?."

"왜" 사용법

"왜"라는 질문은 대화에서 굉장히 강력한 도구입니다. 단순히 정보를 얻는 것을 넘어, 상대방이 자신의 생각과 믿음을 더 깊이 탐구하게 만듭니다.
"왜"라는 질문은 상대방이 스스로 생각을 정리하도록 도와주며, 그들의 의견이나 결정 뒤에 있는 근본적인 이유와 동기를 탐색하게 합니다.

예를 들어, 중요한 결정을 했을 때, "왜"라는 질문은 그 결정이 단순히 순간적인 선택이 아닌, 더 깊은 생각과 가치관에서 비롯됐음을 밝혀냅니다. '왜'는 상대방에게 자기 성찰의 기회를 제공하며, 때로는 자신도 몰랐던 생각이나 느낌을 인식하도록 만듭니다.

또한, 문제 해결 과정에서 매우 유용합니다. 어떤 문제가 발생했을 때, 그 원인을 파악하기 위해 "왜"라는 질문을 반복적으로 던지면, 문제의 근본적인 원인을 찾아낼 수 있습니다. 한 번 질문해서 스스로 답하고, 두 번, 세 번, 횟수를 거듭하면서 더 깊이 질문하며 내면을 들여다봅니다.

자신에게는 무한대로 사용해보세요. 하지만 대화의 상대방에게 "왜"라는 질문을 사용할 때는 주의가 필요합니다. 이 질문이 때때로 방어적인 반응을 불러일으키기 때문입니다. 상대방이 자신의 의견이나 행동을 정당화해야 한다고 느끼게 만들 수 있어요. 따라서 "왜"라는 질문은 공감과 이해의 태도로, 그리고 상대방의 관점을 더 잘 이해하고자 하는 목적에서 사용되어야 합니다.

더불어, "왜"라는 질문은 대화에서 균형을 잡는 것이 중요합니다. 질문이 너무 많거나 공격적으로 느껴질 수 있으므로, 질문과 경청, 그리고 공감을 적절히 조화시키는 것이 중요합니다. 상대방의 감정과 반응을 고려하며, 대화의 목적과 맥락에 맞게 적절하게 사용해야 합니다. 이를 통해 상대방과의 신뢰를 구축하고, 보다 풍부하고 의미 있는 대화를 이끌어낼 수 있습니다.

"왜"는 양날의 검입니다. 의구심을 표현 할 수 있고, 동시에 상대방에 대한 염려와 걱정을 표현합니다. "왜"는 어떻게 사용하면 좋을까요? 여러 대화 예시에서 적절한 사용법을 살펴봅니다.

[대화 예시]

남편: "오늘 집에 일찍 왔네, 왜 그렇게 된 거야?"
아내: "오늘 일이 빨리 끝나서 일찍 왔어."
남편: "아, 그렇구나. 왜 오늘 일이 일찍 끝났는지 궁금하네. 무슨 일이 있었어?"

[대화 예시]

남편: "주말에 집에 있고 싶다 했잖아. 왜 그렇게 결정했어?"
아내: "최근에 너무 바빠서, 조금 쉬고 싶어."
남편: "그렇구나. 왜 요즘 더 바빠진 걸까? 더 알고 싶어."

[대화 예시]

남편: "이번 주말에 친구들을 안 만난다고. 왜 그런 결정을 했어?"
아내: "몇 가지 일이 생겨서 그래."
남편: "그렇구나. 왜 안 만나는지 무슨 일인지 궁금해."

*셀프코칭 질문

그래서?를 사용하면 상대방은 어떤 느낌을 받게 될까요?

"왜"라는 질문을 하게 되면 상대방은 어떤 생각을 하게 될까요?

4장 피드백은 예쁜 선물이다

We all need people who will give us feedback.
That's how we improve
-빌 게이츠

21일 완성 공감대화법
대화회복 프로젝트

12일 앵무새라도 되어보기

백트래킹은 앵무새처럼 상대방의 말끝을 따라하는 방법입니다. 물론 영혼 없이 말만 따라하다가는 욕(?)을 먹을 수도 있습니다. 그러니 진심을 담아 해주세요. 백트래킹은 코칭에서 꼭 사용하는 중요한 대화 기술입니다. 상대방의 말을 재구성할 때 상대방의 생각과 감정을 더 깊이 이해할 수 있습니다. 또 상대방이 스스로 말에 내포된 의미나 모순을 발견하도록 유도할 수 있습니다.

백트래킹은 2단계로 합니다.

1. 재구성

들으면서 상대방의 말을 요약하거나 다른 말로 재구성하여 되돌려 줍니다. 말한 내용을 더 명료하고 간결하게 정리해서 전달해야 합니다. 재구성을 통해 상대방이 말하고 싶은 핵심 메시지를 찾을 수 있습니다.

재구성은 고객의 말을 단순히 반복하는 것이 아니라, 말의 의도와 감정 상태를 잘 이해했음을 전달하는 과정입니다.

상대방은 자신의 말과 생각을 '거울'처럼 바라보며, 무엇을 전달하고자 하는지를 더욱 명확히 인식합니다.

2. 피드백

백트래킹을 할 때 피드백은 칭찬을 하는 것이 아닙니다. 재구성한 내용에 대한 상대방의 반응을 인정하고, 그 반응에 내가 어떻게 느끼는지를 보여주는 것입니다. 이 때 피드백 방법은 3가지입니다. 몸짓으로 표정으로 피드백하세요. 또 질문으로 피드백하세요. 이 질문은 상대방이 스스로 새로운 해결책을 발견하게 돕습니다.

상대방은 자신의 말이 재구성된 것을 듣고, 새로운 관점에서 생각을 고찰합니다. 이때 자신의 문제나 상황에 대해 더 깊이 이해하게 됩니다.

백트래킹과 재구성 사용법, 질문으로 피드백하기를 쉽게 이해할 수 있는 간단한 대화예시입니다.

[대화예시] 의사소통 문제

아내: "당신은 항상 내 말을 끊어. 난 무시당하는 기분이야."

남편: "내가 말을 끊을 때, 무시당한다고 느끼는구나. 미안해. 그럴 의도는 아니었어."

[대화예시] 가정일 분담

아내: "나 혼자만 집안일을 해."
남편: "집안일을 혼자만 하면, 억울하고 힘들지. 내가 뭐부터 하면 좋을까?"

[대화예시] 자녀 교육

아내: "당신은 아이들에게 너무 엄격해. 애들도 스트레스를 받아."
남편: "아이들이 내 엄격함 때문에 스트레스를 받는다면, 내가 잘못했네, 내가 어떻게 하면 좋을까?"

[대화예시] 재정 관리
아내: "요즘 돈 걱정이 많이 돼. 지출을 줄일까?"
남편: "돈 때문에 걱정이 되면, 지출을 줄이는 게 좋지. 같이 생각해 보자."

[대화예시] 여가 활동

아내: "우리는 함께 보내는 시간이 너무 적어."
남편: "함께 시간을 더 많이 보내고 싶다면, 같이 할 수 있는 취미를 찾아볼까?"

이러한 대화 예시에서 상대방의 말을 반복하거나 재구성함으로써 서로의 의견과 감정을 더 명확히 이해하고 확인하는 과정을 보여줍니다. 백트래킹은 이처럼 의사소통을 강화하고 서로의 관점을 더 잘 이해하는 데 도움을 줍니다.

긴 대화예시를 통해 조금 더 자세히 살펴봅니다. 아내와 남편이 문제 해결을 주제로 하는 대화할 때 남편이 재구성을 활용하는 예시입니다.

[대화예시] 재구성을 활용하는 예시
아내: "나 요즘 직장에서 엄청 스트레스를 받아. 프로젝트가 잘 진행되지 않아서 마음이 무거워."
남편: "그래? 무슨 문제가 생긴 거야?"
아내: "팀원들 간에 의견 충돌이 심해. 모두가 서로 다른 방향으로 가려고 해서 프로젝트가 제자리걸음이야."
남편: "음, 그럼 각 팀원의 생각을 알아봐서 공통된 목표를 설정하는 건 어때? 혹시 시도해 봤어?"

아내: "사실 그런 방법도 생각해 봤는데, 사람들이 자기 의견만 내세우려고 해. 나는 조정자 역할을 해야 할 것 같아."
남편: "그렇구나. 그럼 팀원들에게 각자 의견을 자유롭게 표현하게 하고, 그중에서 공통점을 찾는 건 어때?"
아내: "음……. 그것도 좋은 방법이긴 한데, 나는 그냥 누군가가 들어주기를 바랐던 것 같아. 해결책보다는 지지를 받고 싶었던 거지."
남편: "미안해, 내가 해결책을 제시하려고 했네. 정말 힘들었겠다. 당신의 노력을 알아줘야 하는데."
아내: "고마워. 당신이 들어주는 것만으로도 많은 도움이 돼. 아마 내일 팀 미팅에서 다시 얘기할게."
남편: "좋아, 언제나 당신편이야."
아내: "고마워. 당신이 옆에 있어 줘서 든든해."

이 대화는 남편이 처음에는 문제 해결에 초점을 맞추어 조언을 제시하지만, 아내가 필요한 것은 해결책보다는 감정적인 지지와 경청임을 깨닫고, 그에 맞춰 대화를 이어가는 모습을 보여줍니다.

아내와 남편이 문제 해결을 주제로 하는 대화할 때 남편이 백트래킹을 활용하는 예시입니다.
[대화예시] 백트래킹을 활용한 예시

아내: 직장에서 스트레스가 많아. 프로젝트가 엉망이라 마음이 무거워."

남편: "스트레스가 많구나. 무슨 일이야? 문제가 뭔지 말해 줄 수 있어?"

아내: "팀원들 사이에 의견 충돌이 심해져. 모두가 다른 방향을 가려고 하니까 아무것도 진행되지 않아."

남편: "팀원들 사이에 의견충돌이 많으면 힘들지. (피드백 제시)각자의 의견을 명확히 하고 공통된 목표를 찾는 건 어때?"

아내: "음, 그 방법도 생각해 봤는데, 사람들이 자기 의견만 내세우려고 해. 나도 좀 더 조정자 역할을 해야 할 것 같아서……."

남편: "그런가. 자, 잠깐만. (문제인식)내가 너무 빨리 해결책을 제시한 것 같아. (재조정)너는 지금 해결책을 원하는 거야, 아니면 그냥 내가 듣고 지지해주길 바라는 건가?"(피드백 문의)

아내: "솔직히 말하면, 지금은 그냥 들어주는 것만으로도 충분해. 내 감정을 이해해 주는 게 더 필요해."

남편: "알겠어. 미안, 내가 제대로 파악하지 못했네. "

아내: "고마워, 이해해주니 마음이 편안해져. "

남편: "편안해 진다니 다행이네. 난 언제나 당신 편이야."

아내: "고마워. 당신이 옆에 있어서 든든해. "

백트래킹을 적용하여 대화를 재구성하면, 서로의 관점을 더 잘 이해하고, 이전의 발언을 다시 고려하게 됩니다. 남편이 아내의 감정과 필요를 더 잘 이해하려고 노력하는 모습을 볼 수 있습니다. 아내는 자신의 감정을 표현하고 남편은 이에 대한 이해를 보여주며, 결국 두 사람 모두가 더 만족스러운 대화를 이어갈 수 있습니다.

*셀프코칭질문

아내가 잘못 생각하고, 잘못 결정했다고 느끼는 순간을 떠올려 보세요. 그때 나는 아내에게 어떻게 말하고 행동하나요?

아이들은 모든 것이 처음이라 계속 실수를 합니다. 그 때마다 잘못하고 있는 것을 어떻게 수정해 주시겠습니까? 재구성과 피드백을 사용해서 답을 찾아보시겠어요?

13일 고부갈등에는 무조건 편파적인 피드백주기

한국사회에서 고부갈등은 여전히 존재합니다. 남편의 역할이 중요한 고부갈등에서 어떻게 하면 현명하게 대화할 수 있는지 살펴봅니다.

고부 갈등은 주로 세 가지 이유로 발생합니다.

첫째, 시어머니가 문제를 일으키는 경우입니다.
결혼에 반대하거나 며느리에게 너무 많은 간섭을 합니다.

둘째, 며느리 자신의 문제입니다.
시댁과의 관계를 불편하다 여기고, 스스로 느끼는 스트레스나 가치관 때문에 힘들 수 있습니다.

셋째, 남편의 무관심입니다.
남편의 역할이 중요한데, 남편이 문제를 해결하려 하지 않거나 무관심할 때 고부 사이의 갈등이 커집니다.

고부 갈등으로 인해 아내는 자신이 가족에 속하지 않는 것처럼 느낄 수 있습니다. 시어머니가 자신을 무시하면 자존감이 낮아지고, 심각하지 않은 남편과의 문제로도 많이 속상해하거나 결혼을 선택한 것에 대해 죄책감을 느낄 수도 있습니다. 심한 경우에는 정신적, 신체적으로 아프게 되고, 시어머니를 싫어하게 될 수도 있습니다.

이런 갈등은 자녀들에게도 부정적인 영향을 줍니다. 힘이 약하고 어린 자녀들에게 고부갈등의 모든 스트레스를 전가할 수도 있습니다. 결국, 이런 갈등은 가족 모두에게 힘든 상황을 만들 수 있습니다.

아내가 어른을 공경하지 않고, 결혼이 희생이 필요한 관계임을 모르는 사람이라면 고부갈등에 대해 걱정하지 마세요. 어차피 문제는 생길 거고, 갈등은 더 깊어질 겁니다. 그게 아니라 내가 선택해서 결혼할 정도로 괜찮은 사람이 맞는다면 고부갈등에 관한 대화에서는 무조건 아내 편을 들어주세요. 아내 잘못이라며, '너, 내가 그럴 줄 알았어. '또야?' 이런 태도는 꼭 감춰두세요. 다양한 대화 예시를 통해 무조건 아내 편을 드는 피드백 방법을 연습해 보겠습니다.

[대화 예시] 문제의 심각성을 인지하고 오버해서 대응하기

아내: "어머니가 낮에 전화하셨는데, 여보가 힘드니까 집안일

은 나보고 다 하라 시네. 진짜 스트레스야."

남편: "헐. 엄마가 왜 그러셨지? 자기도 일하느라 바쁜데 그건 아니지. 내가 지금 당장 전화해서 뭐라고 좀 해야겠네. 집안일은 우리가 같이 하는 거지." (남편은 스마트폰을 당장이라도 들어 전화를 할 기세다)

아내: (전화를 뺐으며) "아니야. 무슨 전화를 해. 자기가 내 편 들어주니까 그냥 다 풀리네. 어머니는 자기가 아들이니까 그러실 수 있지"

남편: "아니야. 엄마도 알아야 해. 자기도 당신 집에서 얼마나 귀한 딸이야. 내가 이번 주에 집에 가면 말씀 드릴게"

아내: "내가 예민했나봐. 별거 아녔는데, 이해해줘서 고마워."

[대화 예시] 아내를 칭찬하면서 어머니를 까기(?)

아내: "오늘 낮에 아버님 댁에 반찬 갖다 드렸거든. 어머니가 어쩜 그렇게 요리가 안느냐고 하시네."

남편: "뭐? 여보, 미안해. 일부러 챙겨서 갖다 드렸는데, 그런 반응은 좀 아니다."

아내: "뭐, 어머니가 요리를 워낙 잘하시니까. 내가 요리 못하는 것도 사실이고……."

남편: "칭찬받고 싶었을 텐데 많이 실망했겠네. 근데 그거 알아? 나는 엄마 된장찌개보다 자기가 끓여주는 게 더 맛있어. 나 항상 밥 두 공기 먹잖아."
아내: "내가 이래서 음식을 더 잘하고 싶나봐. 기분이 좋아졌어."
남편: 요즘 다 사먹고, 배달시킨다는데 항상 만들어 주려고 하는 거 많이 고마워."

[대화 예시] 나는 무조건 네 편이라는 밑도 끝도 없는 피드백

아내: "어머님은 내가 마음에 안 드시나봐. 애 하나 있는 것도 제대로 못 키운다고 뭐라 하시네."
남편: "(1초의 망설임도 없이)옛날 분이 요즘시대 양육을 어찌 알겠어? 그 말은 잘못됐어. 뭘 잘못 키운다는 거야? 엄마가 기분이 안 좋으셨나? 내가 아이 교육은 우리가 할 일이라고 말할게."
아내: "정말 어머님께 그렇게 말 할 거야?"
남편: "그럼. 나이 들면서 둔해져도 그렇지. 왜 상대방의 기분을 망치는 말을 하지? 내가 잘 자란 건 엄마 덕분이지만, 우리 애 엄마는 당신이잖아."

아내: "고마워. 나도 처음이라 모르는 부분은 어머님께 가끔 여쭤볼게."

남편: "혹시 나랑 같이 있을 때 엄마가 또 경우 없이 하는 말이 있으면 바로 얘기해. 엄마도 당신이 그러시는 걸 모르시나봐."

[대화 예시] 아내와 오랜 시간 같이 살기위한 피드백

아내: "어머니가 쥐꼬리만큼 벌면서 왜 자꾸 일하러 다니냐고 하시네. 진짜 이해가 안 돼."

남편: "엄마가 또 그 얘길 하셨어? 나는 당신이 자기계발하고, 외부활동 하는 거 정말 좋아. 당신 성격은 집에서만 있는 거 지루할거야."

아내: "어머님은 일을 한 번도 안 하셨지?"

남편: "어, 아버지가 반대하셨고, 여자가 밖에 나가면 큰일 나는 줄 알았던 시대니까. 어떻게 얘기해야 요즘 상황을 이해하실까?"

아내: "당신이 잘 벌어다 주는데, 집도 안 돌보고 왜 나돌아 다니냐고, 애들도 불쌍하다고 하셨어."

남편: "일이 돈만 벌려 하면 지쳐서 못하지. 앞으로 더 오래 살 텐데, 뭔가 잘하는 거 하나 있으면 좋잖아. 그러다가 시

간이 지나면 더 잘 될 거고. 진짜 엄마가 왜 그러시지?"
아내: "아냐, 여보. 화내지마. 어머니도 내가 안쓰러우니까 그러신 거 같아. 생각해보니, 왜 나가서 고생 하냐고도 하셨어. 아까는 기분이 상해서 앞에 말만 기억이 났는데, 당신이 내 편을 들어주니까. 뒤에 하신 말씀도 생각났어. "
남편: "그래? 그러면 다행이네. 난 당신편이야. 당신이 다양한 것을 배우고, 더 넓게 사회생활을 하면 좋겠어. "
아내: "고마워, 여보. "

[대화 예시] 아내의 옷차림과 외모지적을 보호하는 피드백

아내: "오늘 낮에 어머님이랑 점심을 먹었어. 어머니가 내 차림새에 대해 늘 뭐라 하시네. 애 엄마가 아가씨처럼 옷 입는다고. 짜증나."
남편: "그건 엄마가 잘못하셨네. 당신이 어떻게 입든 자유지. 엄마에게 그건 넘지 말아야 할 선이라고 말씀 드릴께."
아내: "정말 그렇게 말씀 드릴거야?"
남편: "당연하지. 당신은 원하는 대로 옷을 입을 권리가 있어."
아내: "나는 요즘 더 살이 찌고 나이가 드는 거 같아서 조금 밝은 색이 좋아졌어. 어려보이기는 힘들겠지만, 그래도 젊어

보이는게 좋아."

남편: 내가 좋아하는 옷을 입으면 기분이 좋아지잖아. 난 당신이 자신을 가꾸고 꾸미는 거 너무 대단하고 감사한데, 마음껏 당신 하고 싶은 대로 해. 그렇다고 당신이 '세상에 이런 일이'에 나올 정도도 아닌데 뭘. "

아내: "하하하, 여보. 그게 뭐야. 진짜 웃기다."

남편: "웃으니 보기 좋네. 엄마 대신 내가 사과할게."

이러한 대화 예시들은 남편이 아내의 입장을 강력히 지지하고, 시어머니의 부적절한 행동에 대해 명확히 지적하는 모습을 보여줍니다.

*셀프코칭 질문

어머니와 아내가 자꾸 싸웁니다. 그 때 내가 느끼는 감정은 무엇인가요?

나는 어떻게 해야 두 여자에게 동시에 사랑 받을 수 있을까요? 어머니가 듣기 좋아하는 말과 나의 애교, 아내가 듣기 좋아하는 말과 나의 행동을 생각해 보세요.

14일 적절한 타이밍에 피드백하기

맞벌이 가구가 더 많아지고 있습니다. 맞벌이로 일할 경우, 외벌이보다 경제적으로 더 안정적이라 삶에 대한 만족감이 커집니다. 그로 인해 자기실현의 기회를 더 자주 얻게 됩니다. 그러나 직장과 가정에서 동시에 일을 해야 하니 여러 어려움을 겪습니다. 이런 어려움은 개인의 행복과 가정의 건강성을 저하시키며, 저 출산, 졸혼, 가족 해체와 같은 사회적인 문제로 이어질 수 있습니다.

자, 여러분을 보세요. 여러분은 대단합니다. 이런 어려움을 이겨내고 결혼을 하셨고, 자녀까지 낳아 양육하고 있습니다. 각자의 자리에서 자신의 역할을 감당하며 한 가정을 잘 이끌어가고 있습니다. 그러니 대화단절로 오는 불편한 관계도 충분히 극복할 수 있습니다.

한 조사에서 맞벌이 가정의 남편과 아내의 가사노동 시간을 비교 했습니다. 하루 평균, 남편은 1시간 이내, 여성은 3시간 이상의 가사노동을 한다고 합니다. 이 말은 맞벌이 여성이 남성보다 3배 이상 많은 가사노동을 하고 있고, 경제 활동을 같이 하더라도 가사노동은 여성의 몫으로 생각한다는 것을 보여줍니다. 물론 외벌이일 경우, 경제활동을 하지 않는 사람이 전체적인 가사노동을 하는 것이 맞다고 생각합니다. 그게 아내이던 남편이던 그 일을 아래로 선택한 사람이 책임감을 갖고 하면 깨끗하고 행복한 집안환경을 늘 유지할 수 있습니다.

하지만 현실에서는 가사노동뿐만 아니라 아이 돌보기 같은 돌봄 노동도 여성이 더 많이 합니다. 특히 자녀가 있는 맞벌이 여성은 아이 돌보기와 가사노동의 부담 때문에 일과 가정을 조화롭게 이끌기 어렵고, 이런 상황은 가족 문제로 이어집니다. 여자들은 체력이 약하거나 정신적 스트레스가 심해지면 짜증과 우울 감을 겪는 일이 많아집니다. 그러니 늘 '화'를 내기 직전의 상태가 됩니다. '삼시 세 끼' 때문에 남녀가 싸우는 상황이 이제는 이해가 될까요?

가족은 시간이 지나면서 여러 변화를 겪습니다. 이 변화하는 동안에 가족 구성원들이 서로 잘 지내고, 각자의 능력을 키우는 것이 중요합니다. 이렇게 하면 모두가 더 좋은 삶을 살 수 있습니다. 가족이 함께 성장하고 서로를 도와주어야 합니다. 시간이 쌓일수록 전업주부인 아내는 음식솜씨와 살림솜씨가 일취월장 할 것이고, 직장생활을 하는 아내는 사회에서 자신의 위치를 더 확고히 할 수 있습니다. 가족과 가정이 살

아이는 생물처럼 시시각각 변화할 수 있다는 것을 남편은 인지하고 대응해야 합니다. 매일 같아 보이는 아내의 삶도 다양한 변화로 가득 차 있습니다. 그 변화 속에서 매일 성장하는 아내를 알아봐 주세요. 자녀들은 어떨까요? 한없이 예쁘고 소중해서 아기 때 모습으로 자녀를 대하면 아이는 무시당한다고 느낍니다. 아이가 매 순간 성장하고 있는 것을 알아주고, 칭찬해 주세요.

늘 같은 환경에서 같은 사람들만 만나는 남자들보다 아내와 아이들의 주변 환경은 훨씬 더 역동적으로 변화하고 있습니다. 즉 그들은 모든 것에 대한 적응력과 민감도가 당신보다 훨씬 클 수 있습니다. 그래서 남편이나 아빠는 나이가 들수록 꼰대스럽거나 세대 차이를 느끼게 하는 사람이 됩니다. 단순히 늙은 것 뿐 아니라 시대에 빠르게 적응을 못하거나 하려고 노력하지 않는게 문제가 될 수 있습니다. 사실 제대로 모르면 덜 말하고, 더 들어주면 됩니다. 경청을 잘하면 좋지만 무작정 듣기만 하다간 아무생각이 없는 사람으로 낙인이 찍힐 수도 있습니다. 그래서 적절한 타이밍에 해야하는 꼭 필요한 피드백을 상황별로 알려 드립니다.

일상적인 대화

평소 대화를 하며 자연스럽게 피드백을 주세요.
- "오늘 어떤 일이 있었는지 알려줘서 고마워."

성취 했을 때
아내나 자녀가 무언가를 잘 해냈을 때 즉시 칭찬과 격려를 하세요.
- "정말 자랑스러워, 노력이 빛을 발했네."

도움이 필요할 때
아내나 자녀가 어려움을 겪고 있을 때, 이해와 지지로 피드백 하세요.
- "힘든 상황에서도 최선을 다하네. 필요하면 나도 언제든 도울게."

함께 시간을 보낼 때
가족 활동이나 여가 시간을 함께 보낼 때, 좋은 점을 피드백 하세요.
- "오늘 함께 시간을 보내니 너무 좋더라."

학습이나 계발
자녀가 새로운 것을 배울 때, 피드백은 동기부여를 촉진합니다.

- "새로운 것을 배우는걸 보니 기쁘네, 아주 잘 크고 있네."

행동을 바로잡을 때
부정적인 행동을 지적할 때는, 이해와 사랑으로 접근하세요.
- "이번에 한 선택은 최선이 아닐 수도 있어."

갈등이 생겼을 때
가족 간에 갈등이 생겼을 때, 노력을 칭찬해 주세요.
- "갈등을 해결하기 위해 노력하는 게 기특해."

함께 문제를 논의할 때
가족이 함께 문제를 논의할 때, 논의 과정에 대해 피드백을 주세요.
- "함께 해결하려고 해서 정말 인상적이야, 우리 가족은 정말 훌륭해."

문제를 해결한 후
문제나 오해가 해결된 후, 서로의 노력을 인정하는 피드백을 주세요.
- "우리가 함께 문제를 해결한 방식이 자랑스러워."

감정적으로 힘든 순간

아내나 자녀가 스트레스나 감정적으로 어려움을 겪을 때, 지지와 격려로 피드백 하세요
- "난 항상 네 편이야."

비공식적인 상황
같이 밥을 먹거나, 함께 뭘 하는 공식적인 상황에서만 피드백을 주려고 하지 마세요. 일상의 작은 순간에도 긍정적인 피드백을 하세요.
- "오늘 아침 당신이 내려준 커피가 정말 맛있었어."

변화나 전환기에 있을 때
가족생활에 큰 변화가 있을 때 서로의 적응과정을 격려하세요. 예를 들어 이사, 전학, 새 학년, 이직 등입니다.
- "이사하고 새 집과 새 학교에 잘 적응하니 대단해."

자기표현을 할 때
가족 구성원이 자신의 생각이나 감정을 표현할 때, 반드시 경청하고 긍정적인 피드백을 하세요.
- "생각하는 걸 솔직하게 말해줘서 고마워."

서로의 성장을 도울 때
가족 구성원이 서로를 도우며 성장하는 모습을 보일 때, 칭

찬으로 피드백 하세요.
- "우리 가족이 서로를 돕는 게 참 멋지네."

*셀프코칭질문

지나간 시간 중에 '이 타이밍에 이걸 꼭 했어야 했는데…….'라며 후회하는데 있다면 무엇인가요?

더 건강하고 행복한 가정을 위해서 내가 매일 말해야 하는 3가지가 있다면 무엇인가요?

5장 할 말을 제대로 하자

You can speak well if your tongue can deliver the
message of your heart

-존 포드

21일 완성 공감대화법
대화회복 프로젝트

15일 나는 누구인가?

'당신은 누구인가요?'

이런 질문을 받으면 어떻게 답하시나요?
'뭐 이런 질문이 있어?'하며 이름부터 말씀하실까요?

어떤 영화에서 운전수로 나오는 이탈리아인은 자신이 누구인가에 대한 질문에 이렇게 답합니다.

"나는 나 자신을 잘 알고 있어요.
내 아내의 남편이며, 두 아이의 아빠입니다"

단순하게 들리지만 자기소개를 하거나 자아에 대한 질문을 받게 된다면 저렇게 확신을 갖고 명쾌하게 답할 수 있을까요? 한국에서는 결혼유무, 이혼유무, 자녀유무, 주택소유유무, 자동차 크기, 자산의 종류와 규모, 부모님은 살아 계신지, 직장은 어디며 연봉은 얼마인지, 나이 들면 약속이나 한 듯 다 먹는 참치 회는 좋아하는지, 골프는 좀 치는지 등 이런 질문으로 상대방을 파악하고 싶어 합니다. 이런 질문에 정보가 충족되면 상대방을 이제는 알고 있다 생각합니다.

코칭에서 자아실현을 위해 꼭 알아야 하는 개념이 2가지 있습니다. 바로 되돌아봄과 알아차림입니다.

되돌아봄은 지난 경험, 특히 유년시절을 성찰해 배울 점과 버릴 것을 구분하는 것입니다. 어제는 과거입니다. 과거의 실수에서 배운다면 더 나은 자신으로 성장할 수 있는 기회를 얻습니다. 자아존중감은 이러한 자기 인식과 성찰을 통해 자연스럽게 올라갑니다. 되돌아봄을 효과적으로 할 수 있는 질문 10가지입니다.

1. 과거에 내린 중요한 결정 중 가장 영향력 있었던 것은 무엇인가?

2. 인생에서 가장 도전적이었던 순간은 언제였나?

3. 과거의 성취 중 가장 의미 있었던 것은 무엇인가?

4. 나에게 가장 큰 영향을 미친 사람은 누구였고, 어떤 영향을 미쳤나?

5. 나는 과거에 어떤 방식으로 타인의 삶에 긍정적인 영향을 미쳤는가?

6. 내가 실패로 여겼던 경험에서 배운 교훈은 무엇인가?

7. 과거에는 중요하다 여긴 가치나 신념을 변경 한게 있나?

8. 과거에 겪었던 중요한 전환점은 무엇인가?

9. 과거에 어떤 중대한 위험을 감수했고, 그 결과는 어떠했나?

10. 지난 몇 년 동안 나는 어떻게 변화했는가?

알아차림이란 현재에 집중하며 자신의 감정과 생각을 인식하는 것을 의미합니다. 이 인식을 통해 자신의 내면과 감정에 더 깊이 연결되고, 자신을 있는 그대로 받아들일 수 있게 됩니다. 알아차림을 효과적으로 할 수 있는 질문 10가지입니다.

1. 지금 내가 느끼는 감정은 무엇인가?

2. 내 마음속에 어떤 생각이 떠오르는가?

3. 지금 내가 경험하는 것은 어떤가?

4. 지금 나는 무엇에 집중하고 있는가?

5. 내 몸은 현재 어떤 느낌인가?

6. 내 주변 환경에 어떤 소리, 냄새, 색상이 있는가?

7. 지금 내 호흡은 어떤 패턴을 가지고 있는가?

8. 이 상황을 내가 해결할 수 있는가? 없다면 누구의 도움이 필요한가?

9. 내가 이 순간에 감사한 것은 무엇인가?

10. 현재 하는 일에 나는 어떤 의미를 부여하는가?

그럼 자신을 잘 알기위해 어떻게 해야 할까요? 코칭에서 자아를 찾는 과정은 개인의 내면을 탐색하고 자기 자신을 더 잘 이해하는 여정입니다. 그것은 내면의 깊은 곳으로의 여행이며, 스스로를 이해하는 과정입니다. 이 과정은 5단계로 자기 인식, 자기수용, 자기반성, 목표설정, 그리고 자기발전으로 이루어집니다.

첫째, 자기인식을 위해 자신의 가치를 이해합니다.

자신의 감정, 생각, 행동 패턴을 인지하는 것을 포함합니다. 자신의 감정과 생각을 탐색하고 이해하는 것은 자기 자신을 더 잘 알기 위한 중요한 단계입니다. 이를 통해 자신의 진정한 감정과 동기를 발견할 수 있습니다. 당신에게는 무엇이 중요합니까? 자신의 가치관과 신념을 명확히 이해하는 것도 중요합니다. 이는 결정을 내리고 행동을 지향하는 데 기준이 됩니다. 당신의 가치관과 신념은 인생의 나침반이 됩니다. 타인과 자신을 절대로 비교하지 마세요. 비교하는 것은 자기 자신을 제대로 이해하는 데 방해가 됩니다. 자신의 여정에 집중하고, 자신만의 속도로 성장해야 합니다.

둘째, 자신을 수용합니다.
먼저 강점을 인식합니다. 당신이 잘하는 것은 무엇입니까? 이것을 알면, 당신은 자신의 능력을 최대한 활용할 수 있습니다. 강점을 알아야 지속적인 학습과 개발을 통해 자신을 더 발전시켜 나갈 수 있습니다. 그리고 약점을 받아들입니다. 우리는 모두 완벽하지 않습니다. 자신의 약점을 인정하고 그것을 강점으로 바꾸기 위한 방법을 찾습니다. 자신의 장점과 단점을 모두 받아들이는 자기수용의 과정은 자아발견의 핵심입니다. 자신을 있는 그대로 받아들이며, 자기 자신을 긍정적으로 보는 태도를 갖는 것이 중요합니다.

셋째, 자기반성을 실천합니다.
정기적으로 자신을 돌아보고, 성장하고 있는지, 목표에 도달하고 있는지 확인합니다. 특히 과거의 경험을 분석하고 반성하는 것은 자신을 더 잘 이해하는 데 도움이 됩니다. 이를 통해 자신의 행동과 반응의 패턴을 파악할 수 있습니다. 과거에 얽매이라는 것이 아니라 내가 바꾸고 싶은 실수나 보완하고 싶은 약점을 찾아내 변화시키는 과정으로 활용해야 합니다. 이를 통해 앞으로의 성장과 발전을 위한 방향을 설정할 수 있습니다.

넷째, 목표를 설정합니다.
목표는 당신을 앞으로 나아가게 하는 동기를 제공합니다. 자신의 가치와 신념을 바탕으로 목표를 설정합니다. 이 목표에는 성장과 발전이 있습니다. 이를 위해 새로운 경험을 추구합니다. 새로운 것을 시도함으로써, 자신에 대해 더 많이 배울 수 있습니다. 새로운 경험과 도전은 자신을 더 넓은 관점에서 이해하게 합니다. 자신의 한계를 시험하고, 새로운 강점도 발견할 수 있습니다. 실패를 두려워하지 마세요. 실패는 성장의 일부이며, 중요한 교훈을 제공합니다. 그 과정에서 다른 사람들의 피드백을 수용하세요. 때로는 외부의 시각이 당신이 보지 못하는 것까지 보여줍니다.

다섯째, 자기발전입니다.
지속적인 자기발전을 위해 자신의 감정을 인식하고 표현합니다. 당신의 감정은 내면세계를 반영합니다. 이를 이해하고 표현하는 것이 중요합니다. 창의적인 활동에 참여하는 것은 자신의 잠재력을 탐색하고 발휘하는 데 도움이 됩니다. 생각과 감정을 표현하는 것은 자신의 진정한 모습을 이해하는 데 도움이 됩니다. 예술, 취미, 글쓰기 등 다양한 방식으로 자기표현을 할 수 있습니다. 내면에서 영감을 찾고, 스스로를 동기부여 하는 것이 중요합니다. 스스로에 대한 이해를 바탕으로 실천 가능한 계획을 수립합니다. 이 계획은 개인의 목표를 달성하는 데 도움이 됩니다.

인내심을 가지고 스스로를 사랑해야 합니다. 자아 발견은 쉽지 않은 과정이며 시간이 걸립니다. 이 여정에서 가장 중요한 것은 당신이 누구인지, 무엇을 원하는지, 어떻게 그곳에 도달할 수 있는지를 이해하는 것입니다. 자아발견은 단순한 목표가 아니라, 지속적인 과정입니다. 자신에게 진실해야 합니다. 그리고 가장 중요한 것은, 스스로를 발견하는 이 여정을 즐기는 것입니다. 이 여정을 즐기기 위해 정신적, 육체적 건강을 유지해야 합니다. 긍정적인 사고방식을 생각하며 자신에 대한 긍정적인 태도를 형성해야 합니다. 일상 속에서 감사할 수 있는 것을 찾아 늘 감사의 표현을 잊지 마세요. 스스로에게 깊은 질문을 던지고 답을 하면서 끊임없이 사유하는 것이 중요합니다. 그렇게 하면 가족, 친구, 동료와의 관계도 수월해지고, 다른 사람과의 상호작용을 통해 자신의 다양한 면모도 발견할 수 있습니다.

*셀프코칭질문

어린 시절 나의 꿈은 무엇인가요?

나의 부모님에 대해 소개해 보세요. 나에게 영향을 미친 점, 성격, 버릇, 장점, 지금도 영향을 주는 부분에 대해 5줄 이상 써보세요.

16일 이 4가지는 절대로 쓰지 마라

감정은 동물도 느낍니다. 다만 사람은 자신이 느낀 감정을 말로 표현할 수 있어 더 감정적으로 보입니다. 감정은 인간 경험의 핵심적인 부분이 맞습니다. 여러 종류가 있고 아주 복잡합니다.

사실 행복, 만족감, 기쁨, 사랑, 자부심 등 긍정적인 상태를 반영하는 감정에 대해서는 따로 걱정할 것이 없습니다. 상실, 실패, 좌절과 같은 부정적인 상황에서 느낄 수 있는 슬픔이 걱정입니다. 위협이나 위험에 대해 느끼는 두려움, 불공정, 억울함, 또는 방해에 대해 느끼는 분노, 죄책감, 부끄러움, 우울감에 대해서 더 잘 알아야 합니다.

왜냐하면 감정은 우리의 행동, 결정, 인간관계에 중요한 영향을 미치기 때문입니다. 화를 참지 못해 원수지간이 된 친구나 동료가 있습니까? 순간 욱하면서 폭력적인 모습으로 가족에게 평생의 상처를 남겼습니까? 효도를 다음 전에 돌아가신 부모님만 생각하면 가슴이 먹먹해져 슬픔에서 헤어 나올 수 없습니까? 그때 공부를 열심히 해서 그 학교에 갔더라면 매일 후회하십니까? 이 사람을 안 만났더라면 내 인생은 달랐을 텐데 부끄럽게도 다른 현실을 상상하시나요? 또 오늘 들었던 상사의 기분 나쁜 말이 잊혀 지지 않아 집에 와서도 기분이 엉망인가요? 이럴 때 내가 어떤 감정을 느끼는지 정확하게 파악하세요. 그 감정에 대한 나의 반응이 바로 나의 성품이 될 수 있습니다.

나도 모르게 상대방의 감정을 상하게 할 수 있습니다. 상대의 감정을 쉽게 상하게 하는 4가지는 욕, 부정적인 결과 예측, 비하, 잘못한 과거 소환입니다.

첫째, 욕은 트라우마만 남긴다.

'누가 욕을 할까?' 싶죠? 하지만 운전할 때를 떠올려 보세요. 성품이 좋은 사람도 급박한 상황에서는 욕을 꼭 합니다.

욕을 사용하는 것은 대화에서 매우 부정적인 행위입니다. 욕은 건강한 커뮤니케이션을 방해하며, 상대방을 모욕하고 대화의 질을 저하시킵니다. 특히 중년 남자의 경우, 사회적으로 더 많은 경험과 성숙함을 가졌다 기대합니다. 중년이 욕을 사용한다면 잘 쌓아놓은 이미지와 권위에 심각한 손상을 줍니다

직장에서 동료나 후배에게 욕을 사용한다면, 전문성과 사회적인 위치에 해가 됩니다. 욕은 상대방에게 적대감과 불편함을 주며, 팀 내의 신뢰와 협력적인 분위기를 파괴합니다. 욕이 직장 내 괴롭힘으로 간주될 수도 있습니다.

가정에서도 욕의 사용은 부적절합니다. 가정에서 자녀나 배우자에게 욕을 한다면, 가족사이의 신뢰와 안정감을 해칩니다. 폭력적이고 적대적인 환경은 모두를 불안하고, 공포에 떨게 합니다. 욕은 절대로 사용하지 말고, 문제를 평온하고 존중하는 태도로 해결하려고 노력해야 합니다.

욕의 사용은 상대방에 대한 존중 부족을 나타내며, 건설적인 해결책을 찾는 데 방해가 됩니다. 중년이 되었다면 인생의 절반을 산 선배이기도 합니다. 자신의 성숙함과 지혜를 나눠주며, 주변 사람들과 긍정적인 관계를 구축하는 것이 중요합니다.

둘째, 부정적인 결과로 찬물을 끼얹지 마라

가족이나 동료가 무엇을 계획할 때 초치는 말을 하는 사람들이 있습니다. "그게 될까?", "그게 쉬우면 다하겠지.". 이렇게 부정적인 결과를 예측하는 태도는 해롭습니다. 생산적인 대화 분위기를 해치며, 상대방에게 불안감과 절망감을 전달합니다. 중년은 삶의 경험이 풍부하고 다양한 역할을 수행하고 있습니다. 당신의 태도와 말 한마디가 주변 사람들에게 미치는 영향은 막대한 걸 잊지 마세요.

직장에서 후배에게 "이 프로젝트는 실패할 거야, 네가 무슨 대책을 세우겠어?"라고 한다면, 후배의 자신감과 창의성을 저하시킵니다. 이런 부정적인 예측은 혁신과 긍정적인 변화를 방해합니다. 대신에 "이 프로젝트는 도전적이지만, 우리가 함께 해결책을 찾아보자"와 같이 긍정적으로 지지하면서 힘을 실어주고, 팀워크와 협력을 촉진해 보세요.

가정에서도 마찬가지입니다. 자녀가 새로운 취미나 활동을 시도할 때 "그걸 네가 어떻게 하려고?"라고 하면 새로운 시도에 대한 열정을 꺾습니다. 반면, "그건 정말 도전적인 일이지만, 최선을 다하면 좋은 결과를 얻을 거야"라고 하면 자신감을 줍니다. 자녀에게 이렇게 말하는 아버지가 있겠냐고 생각할 수 있습니다. 문장과 어감이 다를 뿐 전달하는 메시지는 '미리 초를 치는 경우'가 많습니다.

이처럼 부정적인 결과를 미리 말하는 것은 상대방에게 불안과 부정적인 감정을 조성하고, 잠재력 발휘를 방해합니다. 감정을 나누며 성장을 촉진하는 대화를 하고 싶다면, 긍정적인 감정을 전달하세요.

셋째, 비하는 나의 자존감과 상대방의 자존심을 박살낸다.

대화중에 비하하는 태도는 욕만큼 해롭습니다. 비하는 상대방의 존엄성을 훼손하고, 자존감을 낮추며, 신뢰를 파괴합니다. 나이가 든 중년에게 사회는 많은 기대를 하고 있습니다. 그러니 더 많이 타인을 존중하고 격려하세요. 비하하는 언어 사용은 이런 역할에 정면으로 배치되는 행위입니다.

동료나 후배에게 "자네는 항상 실수를 해, 제대로 하는 게 거의 없어"라고 한다면, 그 사람의 능력을 전면적으로 부정하는 것입니다. 후배의 사기를 저하시키고, 관계도 손상시킵니다. 이런 비하 발언은 성장하고 싶고 잘해내고 싶은 욕구를 소멸시킵니다.

가정에서도 비슷한 상황이 발생할 수 있습니다. 자녀에게 "너는 항상 문제를 일으켜"라고 말하는 것은 자녀의 자아 이미지에 부정적인 영향을 미치고, 관계도 약화시킵니다. "이번에는 좋은 결과를 얻지 못했지만, 다음에는 더 잘할 거야"와 같이 격려하면, 자녀가 실수로부터 배우고 성장하는 데 도움을 줍니다.

비하는 대화 상대방을 무시하고 가치를 폄하합니다. 가족과 타인을 비하하면서 자신이 더 나은 사람인 것을 강조해서는 안 됩니다.

넷째, 과거를 용서하지 않으면 문제는 영원히 살아 있다.

말다툼을 하거나 약간의 의견충돌을 할 때마다 과거의 잘못을 끊임없이 끌어오는 사람들이 있습니다. 자신에게 잘못이 없다는 것을 증명하거나, 말싸움에서 이기고 싶어 상대방을 곤란하게 하려는 의도입니다. 너는 영원한 실패자라며 과거의 실수와 실패를 현재의 상황에 연결 시켜 새로운 시작을 방해합니다. 중년이기에 삶의 여러 단계를 경험하며 쌓은 지혜가 있습니다. 이 지혜를 활용하여 현재와 미래를 위해 대화하세요.

직장 동료와의 대화에서 "난 자네가 5년 전에 한 실수를 절대 잊지 못해."라고 한다면, 상대방에게 계속해서 과거의 잘못을 상기시키며, 현재에서 더 큰 성과를 내려고 의지를 꺾어버립니다.

가정에서도 마찬가지입니다. 아내나 자녀에게 과거의 실수를 끊임없이 상기시키며 "예전에 실패했던 것처럼 이번에도 안 될 거야"라고 한다면, 가족들을 무기력하게 만듭니다. 대신, "과거에는 몰라서 어려웠지만, 지금은 더 많이 배웠으니 더 잘할 거야"라고 격려해 주세요. 두려움 없이 새로운 것에 도전하게 지지해 주세요.

*셀프코칭질문

내가 자주 느끼는 감정은 몇 가지이며, 주로 언제 그런 감정을 느끼는가?

부정적인 감정을 느낄 때 내가 하는 안 좋은 행동이 있다면 무엇인가? 이것이 가족에게 미치는 영향은 무엇인가요? 바꿀 수 있다면 어떤 것을 바꿔야 할까요?

17일 신뢰를 끌어내는 대화법

신뢰는 종이와 같습니다. 한 번 구겨지면 편다 해도 구겨졌던 자국이 남습니다. 서로를 믿는 신뢰는 가정과 직장에서 매우 중요한 가치로, 다른 사람들과의 관계를 바탕으로 시작됩니다.

직장에서 신뢰를 얻기 위해서는 다른 사람을 존중하고, 약속을 지키며, 솔직하게 소통하며, 일관된 태도로 행동하는 것이 중요합니다. 공정하고 공평한 태도를 유지하고, 상대방의 의견과 감정을 고려하며, 열린 소통을 하는 게 중요합니다. 함께 성취하고자 하는 목표를 공유하고 직원들이 잘 따라오도록 지원하는 것이 좋습니다. 직장에서의 신뢰를 잘 구축하면 더 효과적인 업무와 협력을 가능해 집니다. 직장동료와 신뢰를 쌓는 7가지 방법입니다.

이해와 공유
상대방의 이야기나 의견을 이해하고, 동의를 표현해 주세요. 상대방이 기뻐할 때 함께 기뻐하고, 슬퍼할 때 함께 슬퍼하는 모습을 보여줍니다. "네, 그렇게 느낄 수 있어요"라고 피드백하세요.

공감 표현
감정을 나타내거나 공감을 표현하는 언어를 사용하세요. "그럴 것 같아요"나 "그 상황이 어렵겠죠."와 같은 표현을 통해 상대방의 감정을 이해하고 있음을 표현하세요. 일관된 공감을 통해 당신을 더 신뢰하게 됩니다. 이해심을 보이고 공감하는 태도를 지속적으로 유지하세요.

공통 관심사
상대방의 관심사나 경험에 관심을 갖고 질문하세요. 공통된 관심사로 대화를 하며 서로 연결되는 경험을 하세요.

존중과 배려
상대방의 의견과 감정을 존중하고 배려하는 태도를 가져보세요. 의견을 무시하지 말고, 존중하고 인정해주는 모습을 보여주세요.

감정 표현
자신의 감정을 솔직하게 표현하세요. 상대방에게 자신의 감정을 나눔으로써 더 가까운 관계를 형성할 수 있습니다.

이러한 공감의 방법을 통해 직장동료와 더 깊은 관계를 형성하고 신뢰를 끌어낼 수 있습니다. 가정에서 아내와 자녀들과 신뢰를 쌓는 10가지 방법도 살펴봅니다.

솔직한 소통
가족과의 솔직하고 열린 대화를 통해 감정과 의견을 공유하세요.

약속 이행
약속을 했다면 반드시 지키고 가족에게 믿을 수 있는 사람이란 사실을 보여주세요.

시간 투자
가정에서 양질의 시간을 함께 보내고, 취미 활동을 공유하세요.

시간 관리
가정과 일, 개인 생활을 균형 있게 조절하여 가족과 함께 보낼 시간을 늘 확보하세요.

관심 표현
가족 구성원들의 관심사와 활동에 관심을 표현하고, 그들의 성장과 발전을 응원하세요.

감정 표현

자신의 감정을 자세히 이야기하고, 눈물이 날 땐 과감하게 울기도 하세요. 가족들도 각자의 감정을 표현할 수 있도록 기다려 주세요.

가족회의
주기적으로 가족회의를 하며 중요한 것은 같이 의사 결정하세요.

이러한 방법들을 실천하면 가정에서 아내와 자녀의 신뢰를 얻을 수 있으며, 더 건강하고 행복한 가정환경을 구축할 수 있습니다.

신뢰를 쌓기 위해 가족회의를 하도록 제안했습니다. 가족들이 서로의 의견을 듣고 문제를 해결하며, 더 긍정적인 가정을 만들 수 있습니다. 가족회의를 진행할 때, 발언 순서, 시간제한, 의견 표현 방법 등을 정하고 회의 목표와 주제를 명확히 설정해야 합니다. 중재자를 지정하거나 중요한 의견은 요약하며, 비판적 태도를 피하며 열린 마음으로 서로의 의견을 존중해야 합니다. 주기적인 회의를 하면 추후에 비슷한 경우에 참고할 수 있습니다. 가정에서 가족회의를 진행하는 방법입니다.
1. 계획 세우기

가족회의를 진행하기 전에 일정을 조율하고 언제, 어떻게 진행할지 계획을 세워주세요. 가능하면 모든 가족 구성원이 참석할 수 있도록 일정을 조율하세요.

2. 회의 장소
꼭 집이 아니어도 괜찮습니다. 조용하고 편안한 장소를 선택하여 회의를 진행하세요. 탁자와 의자가 필요하다면 준비하세요.

3. 회의 주제 정하기
회의에서 다룰 주제를 선정하고 목적을 명확하게 정하세요. 봄맞이 대청소, 조부모님 생신준비, 김장하기, 문제 해결 등 다양한 주제를 다룰 수 있습니다.

4. 진행 방식
회의의 진행 방식을 정하세요. 발언 순서, 시간제한, 의견 표현 방법 등을 논의하고 약속하세요.

5. 참여 유도
모든 가족 구성원이 의견을 자유롭게 표현할 수 있도록 유도하세요. 각자의 의견을 듣고 존중하는 분위기를 조성하세요.

6. 토론과 의견 교환

주제에 대한 토론을 시작하고 의견을 교환하세요. 다양한 관점을 듣고 이해합니다.

7. 약속과 실행

회의에서 도출된 결정과 약속을 정리하고 모든 가족 구성원이 이행하도록 하세요.

8. 다음 회의 일정

다음 회의 일정을 정합니다.

*셀프코칭질문

타인을 믿어야 할 상황이 있다면 어떤 요소를 고려합니까? 상대방의 인상, 말투, 재력, 인맥, 성격, 직업 등 다양한 특성을 떠올려 보세요.

친구나 지인에게 실망했던 경험을 떠올려 보세요. 어떤 부분에서 실망했을 때, 믿을 수 없는 사람이란 생각이 들었나요?

18일 꼰대처럼 말하지 말기

꼰대"는 주로 나이 든 사람들이 젊은 세대에게 구시대적인 조언을 할 때를 가리킵니다. 꼰대는 왜 꼰대일까요? 꼰대는 '나 때는 말이야~'로 운을 떼며, 상대방이 요청하지 않았는데 도우려 합니다. 듣는 상대방에게 맞춘 이야기가 아니라 자신만의 경험으로 모든 것을 일반화합니다. 그래서 정보의 정확성과 신뢰성이 떨어집니다. 자꾸 반복하다보면 '저 사람이 하는 말은 처음부터 들을 필요가 없어'라고 무시당할 수 있습니다.

꼰대는 나이든 것을 훈장삼아 특정한 태도와 행동을 반복합니다. 꼰대의 특징을 재미있게 설명 하겠습니다.

시대에 뒤떨어진 조언
꼰대는 종종 "우리 시절에는 이랬다"며 오래된 경험을 바탕으로 조언합니다. 이들의 조언은 때로 현재의 상황과 맞지 않습니다.

일방적인 의견 표현
자기 의견을 강하게 주장하며, 다른 사람의 생각이나 의견을 잘 받아들이지 않습니다. 소통보다는 자신의 의견을 일방적으로 전달하는 데 중점을 둡니다. 자신의 경험이나 생각이 가장 올바르다고 믿으며, 다른 시각을 수용하지 않습니다.

경직된 규칙 강조
"예전에는 이렇게 했다"며 과거에나 맞던 규칙과 전통을 여전히 엄격히 지켜야 한다고 믿습니다. 자신이 옳다고 믿는 방향으로 상대방을 끌고 가려고 합니다.

새로운 변화에 대한 저항
새로운 아이디어나 변화에 대해 거부감을 보이며, 기존의 방식을 고수하려 합니다. 이는 유연성 부족이 원인입니다. 상황에 따라 유연하게 대처하기보다는 한 가지 방식에 고착화되어 있습니다.

기술 변화에 대한 부정적 태도
디지털 기기나 새로운 기술에 적응하지 못하고, 이를 부정적으로 보는 경향이 있습니다. AI에게 공격(?)을 당할까봐 걱정을 합니다.

권위적인 태도
자신이 나이가 많다는 이유로 더 많은 것을 알고 있다고 생각하며, 젊은 세대를 가르치려고 합니다.

다음은 직장에서 중년 남성이 20대 후배에게 하는 꼰대 대화 예시입니다.

[대화 예시]
꼰대: "자네, 요즘 너무 일찍 퇴근하는군. 내가 젊었을 때는 퇴근 시간이 지나도 한참을 일했지. 그 시절엔 일이 삶의 중심이었어. 요즘 젊은이들도 더 열심히 일해야 한다 생각해. 일에 몰두하는 건 중요한 거야."

[대화 예시]
꼰대: "이제 겨우 20대인데 벌써 직장을 옮기려고? 우리 때는 한 직장에서 평생을 다녔지. 한 직장에 뼈를 묻어야지. 요새 젊은이들은 너무 쉽게 포기해. 장기적으로 생각하고 인내심을 가져야지"

[대화 예시]
꼰대: "항상 스마트폰만 보고 있어? 우리 때는 사람들과 직접 만나서 이야기하는 게 정말 중요했어. 요즘 젊은이들은 기술에 너무 의존하네. 기술보다는 사람과의 교류가 더 중요하지. "

[대화 예시]
꼰대: "친하다고 해도 나보다 나이 많은 사람에게 반말을 하는 건 옳지 않아. 우리 때는 상사나 선배에게 무조건 존댓말을 썼지. 그게 예의였어. 요즘 젊은이들은 그런 게 좀 부족해."

[대화 예시]
꼰대: 요즘 젊은 사람들은 너무 쉽게 포기해. 우리 시절에는 어려움을 극복하는 게 당연했어. 그런데 요즘은 아주 작은 어려움에도 금방 포기한다니까. 인생은 쉽지 않아. 어려움을 이겨야지"

모두가 다 아는 얘기인데 본인만 알고 있다고 우쭐대며 말하거나, 했던 얘기를 계속 반복하면서 말을 길게 하는 것만큼 듣는 사람을 괴롭게 하는 것도 없습니다.

꼰대는 어디에서나 환영받지 않습니다. 꼰대처럼 보이지 않는 대화법을 연습하세요. 비법은 짧고, 간결하게, 전하고 싶은 메시지 1개만 말하기입니다.

[대화 예시]
꼰대아닌 중년: "자네, 요즘 일찍 퇴근하네. 퇴근 후에 어떤 일을 하는가? 혹시 나도 같이 할 수 있는 활동이면 좀 끼워주겠나?

[대화 예시]
꼰대아닌 중년: "입사한지 얼마나 되었나? 꼭 이직해야 하는 특별한 이유가 있는가? 자네가 알아서 잘 알아보겠지만, 여러 번 고민하고 결정하면 좋겠네."

[대화 예시]
꼰대아닌 중년: "스마트폰으로 어떤 걸 보는지 궁금하네. 요

즘 새로운 소식은 뭐가 있나? 나도 좀 알려 주게. "

[대화 예시]
꼰대아닌 중년: "김 과장이랑 학교 선후배라고 들었네. 사석은 모르지만 회사에서는 서로 존대 하는 게 낫지 않나? "

[대화 예시]
꼰대아닌 중년: "요즘은 변화가 빨라서 아니다 싶으면 바로 방향을 트는 것도 참 좋은 것 같네. 그래서 정보와 넓은 인맥이 더 중요한 것 같아. 방향을 잘 전환하는 자네가 참 대단한 사람인 것 같아."

*셀프코칭 질문

호감을 주는 요소에는 어떤 것들이 있을까요? 호감형으로 떠오르는 사람은 어떤 특징을 갖고 있나요?

스스로 꼰대라고 느끼는 순간이 있나요? 주로 언제 그런가요?

19일 잘못 했을 때와 내 잘못이 아닐 때의 대화법

진심으로 사과하는 것은 자신의 책임과 잘못을 인정하는 과정입니다. 이 과정에는 큰 용기가 필요합니다. 자신의 실수를 인정하는 것은 자존심을 내려놓고 약점과 취약함을 드러내는 일이기 때문입니다. 감정적으로도 정신적으로도 도전적인 일이라 매우 어렵습니다.

사과는 단순히 말로만 '미안하다'고 하는 것을 넘어섭니다. 어떤 일이나 행동이 다른 사람에게 미친 영향을 이해하고 있다는 것을 보여주는 행위입니다.

진심으로 사과하기 위해서는 먼저 자신의 잘못을 성찰해야 합니다. 자신의 행동을 객관적으로 보고, 상대방의 감정과 입장을 이해해야 합니다. 이 때, 자신의 행동을 정당화하고 싶은 유혹도 있습니다. 자신의 잘못을 줄이기 위해 변명하고 싶습니다. 그러나 용기 있는 사과는 변명하지 않습니다.

사과하는 것은 앞으로는 같은 실수를 반복하지 않겠다는 약속을 포함합니다. 이 안에는 구체적인 행동 계획이 있고, 실천도 있습니다. 이 사과가 진정성 있고 진심에서 우러나왔음을 보여줍니다. 진심으로 사과해도 상대방이 받아들이지 않을 수도 있습니다. 예상보다 더 긴 시간이 필요할 수도 있습니다. 상대방 반응에 대한 기대 없이 사과하는 것은 진정으로 용기 있는 행동입니다.

진심으로 사과하는 것은 쉽지 않지만, 관계를 개선하고 신뢰를 회복하려면 해야 합니다. 내가 잘못 했을 때 하는 용기 있는 사과는 잘못에 대한 책임감을 반영합니다. 용기 있는 사과는 책임 인정, 이유 설명, 계획 제시, 행동으로 사과하기로 4단계로 구성됩니다.

책임을 인정하고 사과하기
먼저, 잘못을 인정하고 상대방에게 진실 된 사과를 제시하세요. "미안해요", "제 잘못이에요"와 같은 표현을 사용하여 잘못을 인정하는 것은 상대방에게 존중과 신뢰를 보여줍니다.

이유나 동기 설명하기
상황에 따라, 잘못한 이유나 동기를 설명하는 것이 도움이 됩니다. 하지만 이것은 변명이 아니라 상황을 이해시키기 위한 것이어야 합니다. 다른 사람이 왜 그런 행동을 했는지 이해하면 갈등이 해소됩니다.

계획 제시하기
잘못을 인정한 후에는 앞으로 어떻게 나아갈지에 대한 계획을 제시하세요. 이것은 같은 실수가 반복되지 않을 것을 약속합니다.

행동으로 사과하기
사과는 말뿐만 아니라 행동으로 표현해야 합니다. 상대방에게 실제로 변화된 것을 보여주는 것이 신뢰를 회복하게 합니다.

내 잘못이 아닐 때 사과하는 법도 살펴봅니다. 용기 있는 사과와는 접근방식이 다릅니다. 다만 갈등 상황이니 더 악화되지 않도록 조심스럽게 대처해야 합니다.

감정을 진정시키고 논리적으로 설명하기
내 잘못이 아닌데 얼마나 억울하고 화가 날까요? 당황스럽고 화가 나는 감정을 진정시키세요. 힘들더라도 감정적인 반응은 보이지 마세요. 감정이 치밀어 오를 때는 잠시 숨을 깊게 쉬세요. 상대에게 상황을 이해시키고 설명하는데 집중하세요.

자신의 입장을 이해시키기
상대방에게 자신의 입장을 이해시키려면 예시나 증거를 활용하여 설명하는 것이 도움이 됩니다. 구체적인 사례나 사실을 제시하여 왜 자신의 잘못이 없는지 설명합니다.

존중과 이해
갈등을 피하려면 상대방의 의견도 들어줘야 합니다. 상대방의 관점을 듣고 받아들이세요. 완전한 수용은 어렵겠지만 다양한 의견이 나올 수도 있음을 인정해야 합니다.

해결책을 찾기 위한 노력
해결책을 찾기 위해 협상하세요. 양쪽이 서로의 요구를 이해하고 공통의 목표를 설정해야 합니다.

내 잘못이 아닐 때의 대화법 예시입니다. 내가 원인을 제공하지 않았을 경우, 내가 제어할 수 없는 상황에서 갈등이나 문제가 발생할 경우에 지혜롭게 대화하는 방법입니다.

[대화예시] 자녀문제

1단계: 아내의 감정에 공감하기

아내: "애들 학교 문제에 대해 얘기하고 싶어."

남편: "그래. 자기가 많이 고민하는 거 알아. 뭐부터 얘기할까??"

2단계: 청취와 이해

아내: "학교에서 성적이 더 떨어지고, 친구들과도 잘 못 지내는 것 같아."

남편: "더 듣고 싶어. 자세히 얘기해줘"

3단계: 긍정적인 지지 표현

아내: "아이들이 이렇게 커도 괜찮을까?"

남편: "당신과 내가 이렇게 관심을 갖고 잘 돌보잖아. 시간이 조금 필요하지만 잘 될 거야."

4단계: 공동 목표 설정

아내: "우리가 같이 성적도 올리고, 친구관계도 좋게 해보자."

남편: "맞아, 함께 협력하여 아이들이 더 나아지도록 도와주자."

5단계: 자신의 의견 제시
아내: "나는 과외 수업을 생각해."
남편: "그래, 좋은 생각이야. 부족한 부분을 채우려면 다시 도해야지."

부모님과의 관계, 자녀 양육 등은 나의 잘못이나 원인제공과 무관하게 일어나는 경우가 많습니다. 그 때마다 "나보고 어쩌라고?"의 태도를 보이면 곤란합니다. 나와 관련이 있는 소중한 사람들이니 내가 앞장서서 문제를 해결하는데 도움을 주어야 합니다.

*셀프코칭대화

내가 잘못한 경우, 어떤 말을 가장 먼저 하나요?

내 잘못이 아닌 경우에 당신의 대처법은 무엇인가요?

20일 상대에 따른 5가지 대화법

상대방에 따른 5가지 대화법입니다. 5가지 유형은 폭군, 변덕쟁이, 나르시스트, 프로불편러, 무관심충입니다. 이 사람들을 조심하세요. 대화 상대방의 특성에 따라 대화 방법을 조정해야 합니다.

폭군와의 대화법

폭군 유형은 자신의 존재를 부정당하는 것이 가장 괴롭습니다. 자신의 이미지를 더 멋지게 포장합니다. 그러니 무엇이든 칭찬하세요. 칭찬할 말이 없어도 "대단하구나!"를 외치세요. 다른이의 말을 잘 안 듣습니다. 자신의 의견 가장 중요하기 때문에 폭군의 말을 경청하고 이해했다는 것을 표현하는 것이 중요합니다.

폭군에게는 명확하게 의사를 표현하세요. 우물쭈물하다가 크게 당하기 쉽습니다. 자신의 의견을 분명하고 단호하게 전달하세요. 불필요한 논쟁을 피하고, 중요한 포인트에 집중해야 합니다. 당신의 의견은 존중받을 권리가 있다는 것을 상기시켜 주세요. 폭군은 자신의 의견이 최선이라고 생각하니, 합리적인 대안을 제시하며 대화하세요.

변덕쟁이와의 대화법

변덕쟁이 유형은 타인의 비언어적 행동에 예민하게 반응합니다. 대화 시할 때 팔짱을 끼거나 대립하는 모습을 보이지 마세요. 변덕스러운 사람예측이 불가능합니다. 그러니 유연하게 상황에 적응하세요. 변덕에 휘둘리지 않도록 자신의 경계를 명확히 설정하고 일관 된 모습을 보여주세요. 자기감정을 주체하지 못해 갑자기 화를 내기도 하니 "참아"라는 말은 하지 말고, 감정적으로 대응하지 마세요.
나르시스트와의 대화법

나르시스트 유형은 타인으로부터 비판을 받으면 수치심과 모욕감으로 분노를 표출하기 쉽습니다. 자신이 가장 우수하기 때문에 자기자랑을 쉼 없이 합니다. 그러니 잘못을 절대로 지적하지 말고, 상대방이 오늘 애쓴 부분을 콕 짚어 칭찬하고 또 칭찬하세요.

나르시스트에게는 특히 공격적이거나 비판적인 언어 사용을 하지 마세요. 객관적이고 사실에 기반한 대화를 유도하며 감정적인 거리를 유지합니다. 의견을 전달 할 때 필요한 경우에는 강한 태도를 보여주세요. 나르시스트는 불편한 진실을 받아들이기 어려울 수 있으므로, 피드백은 직접적이고 구체적으로 제공해야 합니다.

프로불편러와의 대화법

프로불편러 유형은 모든 것에 부정적인 시각을 갖고, 늘 불평합니다. 함께 있는 사람의 기분까지 나쁘게 만듭니다. 내가 만든 음식을 타박하고, 내 옷차림에 딴지를 건다면 슬며시 물어보세요. "오늘 아침에 안 좋은 일이 있었어?'하며 감정을 읽어 주는 게 좋습니다.

프로불편러와의 대화에서는 인내심을 갖고 천천히 대화를 진행합니다.
불편함을 표현하는 상대방에게 긍정적인 방향으로 대화하도록 유도하세요. 불편함의 근본 원인에 초점을 맞추고 해결책을 모색하며, 문제 해결 중심으로 접근합니다. 불편함을 이해하고 있다며 공감해주고, 존중하는 태도를 보여 주세요.

무관심충과의 대화법

무관심한 유형은 타인에게 관심이 없습니다. 감정의 기복이 없는 것은 장점이지만, 어떤 것에도 쉽게 감흥하거나 실망하지 않기 때문에 너무 덤덤하고 무기력해 보입니다.

무관심한 사람과의 대화에서는 그들의 관심을 끌 수 있는 주제로 대화를 시작해야 합니다. 직접적이고 구체적인 질문을 하여 대화에 참여하도록 유도하세요. 복잡하거나 장

황한 설명을 피하고, 단순하고 명료하게 의사를 전달합니다. 무관심한 사람에게 감정적인 연결을 시도하며, 개인적인 관심사나 감정을 나눌 수 있습니다.

사람은 서로의 공통점 때문에 친밀해지고, 서로의 차이점 때문에 성장한다는 말이 있습니다. 대화예시를 통해 더 자세히 살펴 보겠습니다.

[대화예시] 폭군 유형의 이사와의 대화

이사: "이 프로젝트는 내 방식대로 진행합니다. 다른 의견은 필요 없으니 방해하지 마세요."
중년 남자: "이사님의 생각을 존중합니다. 하지만 팀워크도 중요하다고 생각합니다. 모두의 의견을 들어보고 최선의 결정을 내리는 것은 어떨까요?"
이사: "하지만 시간이 없어요. 내 방식이 제일 빠르고 효율적이라니까."
중년 남자: "시간 관리도 중요하지만, 다양한 아이디어와 접근법을 고려하는 것도 중요합니다. 한 번만 더 의논해 보시죠."

[대화예시] 변덕쟁이 유형의 팀장과의 대화

팀장: "어제는 그 계획이 좋다고 생각했는데, 오늘은 마음이 바뀌었어. 다른 방법을 찾아야겠어."
중년 남자: "계획이 변경될 수도 있습니다. 하지만 우리가 계속 하던 프로젝트의 일관성이 중요하다 생각합니다. 어제 저희의 의견에 동의했던 이유와 오늘 변경하고 싶은 이유를 구체적으로 말씀해 주시겠습니까?"
팀장: "그냥 오늘은 기분이 달라서 그래. 어제보다 더 좋은 아이디어가 생각났어."
중년 남자: "기분이나 직감도 중요하지만, 프로젝트를 위해 구체적인 근거와 계획이 필요합니다. 팀장님이 하신 새로운 아이디어에 대해 좀 더 자세히 알려주시겠습니까? 어제 결정한 내용과 비교해보며 최선의 방안을 찾아보시죠."

[대화예시] 나르시스트 유형의 동료와의 대화

동료: "이 일은 내가 해야해. 내가 여기에서는 전문가야."
중년 남성자: "이 일에 자신감을 갖고 있는 건 좋아. 하지만 팀 프로젝트라는 점을 기억해줘. 우리 모두 각자의 장점이 있어. 네가 잘할 수 있는 부분은 뭐야? 자세히 알려주겠어? 그리고 다른 팀원들이 어떻게 기여할 수 있는지도 함께 생각해줘."
동료: "나만큼 잘할 수 있는 사람은 없어. 내가 몇 사람 몫을 다 해치우잖아. 나 혼자서 더 빠르고 효율적으로 할 수 있어."

중년 남자: "너의 능력을 의심하지 않아. 하지만 팀 프로젝트잖아. 팀원 모두가 잘해내야 이 프로젝트도 성공할거야."

[대화예시] 프로불편러 후배와의 대화

후배: "왜 항상 방식을 바꿔야 하죠? 이전 방식이 편했는데, 이건 정말 불편해요."
중년 남자: "새로운 변화가 불편할 수 있다는 걸 이해해. 하지만 이 변화가 어떤 긍정적인 결과를 줄지 생각해 보자."
직장인: "저는 옛날 방식이 더 좋아요. 새로운 건 항상 시간이 더 걸리잖아요."
중년 남자: "과거의 방식도 장점이 있지. 변화에 적응하는데 시간이 필요하다는 것도 알아. 하지만 이 변화가 우리 모두에게 좋은 영향을 미칠 거라고 믿어. 우리 함께 적응해보자."

[대화예시] 무관심층 유형의 신입사원과의 대화

신입사원: "그 프로젝트는 저랑 상관없죠? 저는 그냥 제 일만 하면 되는 거죠."
중년 남자: "자네가 직접적으로 관련이 없을 수도 있지만, 팀 프로젝트는 우리 모두에게 중요해. 자네가 최근에 AI 관련 수업을 들었다고 들었네. 그래서 자네의 의견이 필요

하네."

신입사원: "아, 그래요? 어떻게 아셨어요? AI 자격증이 있죠. 따느라 죽는지 알았어요. 근데 관심 없어요. 다른데 가려고 딴거에요."

중년 남성: "생각이 나면 나중에라도 얘기해 주게."(이직은 못 들은 척 함)

*셀프코칭질문

가족들 중에 위 4가지 유형이 있나요? 가족의 이름과 비슷한 유형을 적어 보세요.

내가 피곤하거나 컨디션이 안 좋을 때 위 유형의 행동을 할 때가 있나요? 주로 언제 그렇게 하나요?

21일 내가 닮고 싶은 사람으로 모델링하기

섬세한 남자는 누구일까요? 섬세한 남자라고 하면 왠지 마초의 반대말 같다 느껴지나요? 섬세함은 예민함이 아닙니다. 상대의 미세한 감정변화를 잘 감지하고, 지금 어떤 말을 하고 싶은지 알아차리고, 그에 맞게 대화를 진행하는 능력입니다. 섬세한 남자가 되고 싶은가요?

섬세한 남자가 되는 방법입니다. 오늘 저녁은 집에서 안 먹을 거 같다면 아내에게 미리 문자라도 한 통 남겨보세요. 자녀의 기분이 평소와 다른 것 같다면 굳이 '시험기간 아니니?' 이런 질문은 하지 마세요. 로또처럼 늘 타이밍이 안 맞는 남편이 되지 마세요. 가정에서 대들보 같은 가장으로 인정받고 싶나요? 자신이 할 일을 가족 누군가에게 미루지 마세요. 리더십은 통제력과 섬세함의 조화를 통해 반짝거립니다.

섬세한 남자는 자신의 감정표현을 두려워하지 않습니다. 입에서 단내가 날 정도로 일이 무척 고된 날입니다. 나보다 먼저 가장의 무게를 짊어졌던 아버지가 생각납니다. '아버지, 얼마나 힘드셨어요?' 그런 날에는 자신이 얼마나 지쳤는지 왜 지쳤는지를 가족들에게 꼭 말하세요. 그래야 가족들도 당신을 위로할 수 있습니다.

이혼도 많아졌지만 요즘은 졸혼을 더 부추기는 것 같습니다. 졸혼은 법적으로 혼인 관계는 유지해서 이혼과는 다릅니다. 다만 따로 살면서 남편과 아내로서의 책임과 의무를 이행하지 않습니다. 각자의 남은 인생을 자유롭게 살려는 분들이 많이 선택하고 있습니다. 수명이 길어지면서 오랜 시간 같은 사람과 함께 사는 것에 대해 견딜 수 없다면 절규하는 것 같습니다.

졸혼의 대표적인 이유를 살펴보면, '더 이상 한 공간에서 공존할 수 없다', '비합리적이고 삶의 질이 떨어지는 결혼에 대해 회의를 느낀다', '각자의 차이를 극복하는 것이 너무 고통스럽다'등의 이유가 있습니다. 또 졸혼의 가장 큰 원인 중에는 '밥'이 있습니다. 남자들은 아침밥부터 삼시세끼를 꼭 먹어야 하고, 아내들은 2-30년간 한 밥순이 인생이 너무 지겹다 합니다.

이혼의 친구인 졸혼을 피하기 위한 방법은 한국 사회의 특성과 문화적 배경을 고려해야 합니다. 졸혼을 피하기 위한 10가지 방법입니다.

소통 강화
부부 사이의 소통은 관계 유지에 필수입니다. 정기적으로 생각과 감정을 나누고, 서로의 의견을 존중하는 모습을 보여주세요. 상호 존중의 태도는 부부 관계를 건강하게 유지하는 데 중요합니다.

상대방을 배려하는 마음
상대방을 배려하는 마음을 항상 갖고, 사소한 것에서부터 상대방을 위한 배려를 실천합니다. 상대방이 싫어하는 것을 아예 하지 않으려 노력하세요.

공동의 목표 설정
부부가 함께 추구할 수 있는 공동의 목표를 설정합니다. 예를 들어 여행 계획, 취미 활동, 자녀 교육 등 다양한 분야에 존재합니다.

개인의 시간 존중
각자의 개인적인 시간과 공간을 존중하는 것도 중요합니다. 서로의 개인적인 취미나 관심사에 대해 이해하고 지지해 주세요.

감정의 공유
감정을 솔직하게 표현하고 공유하는 것은 관계의 긴장을 줄이고 이해를 높이는 데 도움이 됩니다. 서로의 감정을 잘 이해해 주고, 적절히 반응해 주세요.

정기적인 데이트
부부 관계를 신선하게 유지하기 위해 정기적으로 데이트를
계획합니다. 이는 관계에 활력을 불어넣고, 서로에 대한 관
심을 유지하는 데 도움이 됩니다.

가족 활동 참여
가족 식사, 행사 , 모임 등 다양한 가족 활동에 함께 참여
하세요. 함께 활동에 참여하면서 가족 간의 유대감이 강화
됩니다.

부부 상담 이용
관계에 어려움을 겪고 있다면, 전문가의 도움을 받는 것도
좋은 방법입니다. 부부 상담을 통해 관계를 개선하고, 갈등
을 해결할 수 있는 방법을 배울 수 있습니다. 갈등이 발생
했을 때, 적극적으로 해결하세요. 해결방식이 달라 이혼하
는 경우가 많습니다. 부부는 비슷한 해결방식으로 함께 갈
등을 소멸시켜야 합니다.

이러한 방법을 통해 졸혼을 피하고, 건강하고 행복한 부부

생활을 유지할 수 있습니다. 서로에 대한 이해와 존중, 그리고 지속적인 노력이 관계를 강화하는 핵심입니다.

'모두가 졸혼을 하더라도 나는 해당사항이 없다'. 이렇게 자신 있게 내세울 수 있는 자신의 원씽(One Thing)이 있나요? 어떤 분은 식세기와 함께 설거지를 깔끔하게 잘 하신 다네요. 분리수거는 아빠가 하는 거라고 하신분도 있고요. 운전을 못하는 아내 대신에 이곳저곳 데려다 주는 게 기쁨이라고 하는 분도 있습니다. 죽을 때까지 가족들이 필요로 하는 나의 재능 1가지는 무엇인가요? 우리 가족 중에서 가장 많은 재능을 가진 사람은 누구인가요? 누구이며, 어떤 재능을 갖고 있나요? 그 재능 중에 지금부터 내가 노력하면 비슷하게 얻게 되는 것은 몇 가지가 있을까요?

저는 2가지를 권하는데 바로 요리하기와 외모 가꾸기입니다. 음식을 할 줄 아는 것은 생존과 관계가 있습니다. 가족 구성원 중에 누가 아플 경우 대신 죽도 끓여주고, 먹고 싶은 것을 해 줄 수도 있습니다. 그러니 1-2가지 음식을 할 줄 알면 가족 모두가 행복해 집니다.

외모를 가꾸는 것은 왜 중요할까요? 인간은 아름다운 것을 좋아하고, 탐닉합니다. 아내가 늘 예쁘길 바라는 마음을 갖고 계시죠? 아내도 남편이 늘 멋지기 바랄 겁니다. 스스로를 가꿔보세요. 중년남자를 생각하면 나이가 들수록 멋스러워지는 브래드 피트가 떠오릅니다. 중년 남자가 브래드 피트와 같은 외모를 갖기 위해서는 몇 가지 중요한 단계를 거쳐야 합니다. 신체 건강, 외모 관리, 그리고 전반적인 생활 스타일의 변화가 있습니다.

건강한 식습관
브래드 피트와 같은 몸매를 갖기 위해서는 건강한 식습관이 필수적입니다. 고단백, 저탄수화물 식단과 신선한 과일, 채소의 섭취를 늘리고, 가공식품과 설탕이 많은 음식은 피해야 합니다.

규칙적인 운동
규칙적인 운동은 필수적입니다. 특히 근력 운동과 유산소 운동의 조합이 중요합니다. 이는 근육을 강화하고 체지방을 줄이는 데 도움이 됩니다.

피부 관리
건강한 피부를 유지하기 위해 적절한 피부 관리가 필요합니다. 이는 피부 타입에 맞는 세안제와 수분크림 사용, 정기적인 각질 제거, 그리고 썬크림을 발라 햇볕으로부터 피부를 보호하세요.

머리 스타일과 턱수염 관리

브래드 피트와 같은 외모를 위해서는 머리 스타일과 턱수염을 잘 관리하는 것도 중요합니다. 전문가의 도움을 받아 얼굴 형태에 맞는 헤어스타일을 찾고, 필요한 경우 턱수염도 깔끔하게 정리하세요.

옷차림과 스타일
개인 스타일을 개선하는 것도 중요합니다. 자신에게 잘 맞는 옷을 선택하고, 고급스러우면서도 편안한 스타일을 추구해 보세요.

자세와 걸음걸이
당당하고 자신감 있는 자세를 유지합니다. 나이가 들수록 등이 꼿꼿해야 합니다. 이는 전반적인 외모에 큰 영향을 미칩니다.

수분 섭취
충분한 수분 섭취는 피부와 전반적인 건강에 중요합니다. 하루에 최소 8잔의 물을 마시는 것을 목표로 하세요.

충분한 수면
건강한 피부와 체형 유지를 위해 충분한 수면을 취하는 것이 중요합니다. 매일 밤 7-8시간의 수면을 취하세요.

규칙적인 건강 검진

정기적인 건강 검진을 통해 건강 상태를 체크하고, 필요한 경우 적절한 치료를 받으세요.

긍정적인 태도
긍정적인 태도와 자신감은 외모에 큰 영향을 미칩니다. 긍정적인 생각은자신감을 올려 줍니다.

*셀프코칭질문

기분이 좋을 때 어떻게 말로 표현하시겠어요?

가족들이 내가 일일이 말하지 않아도 알아주길 바라는 마음이 있나요?

내가 때때로 느끼는 감정에 대해 어떻게 표현해야 가족들이 잘 알아줄까요?

21일 완성 공감대화법
대화회복 프로젝트

에필로그

처음 이 책을 쓰고 싶다는 생각을 하고 초고를 쓰는데 딱 4주를 썼습니다. 5주에 3번을 고쳐 퇴고를 하고, 이후 셀 수 없이 많이 고치면서 탈고를 했습니다. 이 책을 만들기 위해 매일 4-5시간 정도 글을 썼습니다. 여유가 있는 날은 9시간 정도 할애 했습니다. 누가 시킨다고 이걸 할 수 있을까요? 제가 재밌어서 좋아서 하는 일입니다.

책을 쓰는데 100가지의 도움을 제공한 남편에게 감사합니다. 당신이 없었다면 이 책도 없었을거에요.
매주 마감일에 맞춰 과제를 올리며 러닝메이트가 되어준 분들에게 감사합니다. 책을 만드는데 다양한 인사이트를 제공한 대표님께도 감사합니다.

이 책을 쓰며 나이 드신 아버지들을 많이 생각했습니다. 우리 아버지들은 왜 그렇게 말씀이 없었을까? 몇 년 전에 돌아가신 외할아버지만 봐도 말씀하시는 걸 보는게 참 어려웠습니다. 할머니와 두 분만 계실 때는 다양한 이야기를 하셨지만, 손주들 앞에서는 입을 꽉 다물고 계셨습니다. 오며 가며 반가운 마음에 용돈만 손에 꼭 쥐어주셨지요. 우리의 할아버지들, 아버지들은 나이가 들면서 나이 어린 사람들과의 소통하는 법을 몰라 대화에 낄 수가 없었습니다. 또 아는 것이 없어 아는 척을 할 수 없다면 그냥 입을 닫고 있을게 가장 현명한 방법이라 생각하셨습니다.

그분들은 얼마나 외로우셨을까요? 누군가와 눈을 맞추며 이야기 하는 것이 뇌가 가장 좋아하는 활동이고, 서로 연결되어 있다고 느낄 때 살아 있음을 느끼며, 행복을 느끼는 게 인간인데요. 심히 불행하지는 않았겠지만 엄청나게 행복한 삶은 아니었겠다 생각합니다.

이 책의 기본적인 대화예시는 사실 저의 개인적인 경험에서 기인한 것들이 많습니다. 제가 직접 경험한 것에 지인들에게 전해들은 이야기와 기사로 접한 실화 등을 재구성 했습니다. 저는 [나는 자연인이다]와 [EBS 다문화 고부열전]의 애청자입니다. 외로운 남자들과 고생하는 여자들을 보면서 저 고통의 간극과 갈등의 거리를 좁히는데 코칭을 활용하면 좋겠다 생각했습니다.

자녀를 사랑하는 것 외에 한 사람을 끊임없이 같은 강도와 온도로 사랑한다는 것은 어렵습니다. 그걸 할 수 있는 유일한 길은 때로는 남편에게 엄마가 되어 주고, 아내에게 아빠가 되어주는 거라 생각합니다. 그렇게 해야 간신히 그 사랑을 지속할 수 있다 생각합니다.

책을 한 번만 읽었는데 가족들과의 일상과 직장에 변화가 생긴다면 그 분은 이 책을 보기 전부터 자신을 변화시키고 싶은 마음이 강했었고, 코칭을 접했던 분이라 생각합니다. 이해가 가지 않는다면 또는 다 알면서도 입에서는 그렇게 말이 나오지 않는다면 여러 번 더 읽어 주세요. 공감이 습관이 되어 입으로 자연스레 나올 때까지 이 책을 손에서 놓지 말아주세요. 이 책이 유명해져 제가 강연을 다닐 수 있다면 여러분을 더 가까이에서 만나 다양한 경험과 결과를 나누고 싶습니다.

저는 아무것도 아니지만 이 책이 읽는 이에게는 따스한 위로와 나도 달라질 수 있다는 희망을 주면 좋겠습니다.

감사드리며,   2024년 7월   줄리아드림

21일 완성 공감대화법
대화회복 프로젝트

참고문서

애자일 개발방법론에서 개발팀 구성에 관한 연구-전남대학교 대학원 -전자컴퓨터공학과 陳 翔 2013년 2월
여성 근로자의 일·가정 관계가 직무만족과 조직몰입에 미치는 영향-호남대학교 대학원 경영학과 경영학전공 최은영 2009년 8월
잡크래프팅이 혁신행동에 미치는 영향 – 기본심리욕구및 개인-환경적합의지각을중심으로-한국기술교육대학교 테크노인력개발전문대학원 인력개발학과 인력경영전공 하홍길 2018년 12월
밤9시 엄마와 영어글쓰기- 김소영 저 (브레인스토어)
과제 중심적 대화에서의 대화 전략 운영에 관한 연구 : TV 생방송 토론 대화를 중심으로-연세대학교 대학원 - 국어국문학과 박용한 2002년 8월
대화를 통한 기독교인의 부부위기 해소 방안에 관한 연구 – 장로회신학대학교 목회전문대학원-목회상담학 최병삼 2010년 2월
철학적 탐구 공동체 대화를 통한 인격교육 방안 연구-경상대학교 대학원-윤리교육학과 응용윤리 및 윤리교육과 이승주-2015년 8월
중년남성의 공감적 대화 경험에 관한 연구-이화여자대학교 대학원-교육학과 임미화- 2019년 2월
청소년 자녀와 모의 상호작용 연계분석 : 진로대화를 중심으로-건국대학교 대학원-교육학과 정혜윤-2019년

아빠도 울어?! 21일 완성 공감대화법

1판 1쇄 발　행 | 2024년 08월 30일

지은이 | 줄리아코치
발행인 | 김소영
기획편집 및 디자인 | 줄리아
발행처 | 원주문화예술관광협회
출판사 신고번호 | 제 419-2024-000023호
주　소 | 강원특별자치도 원주시 천사로 177, 3층
이메일 | juliakim26@naver.com
네이버블로그: https://blog.naver.com/juliakim26

ISBN | 979 - 11 - 988311 - 1 - 8

ⓒ 아빠도울어?! 2024
이 책은 저작권법에 따라 보호받는 저작물이므로 무단전재와 복제를 금합니다.